KB105880

꿈꾼다,
공감 교실

꿈꾼다, 공감 교실

발행일	2019년 1월 11일		
지은이	이 옥 숙		
펴낸이	손 형 국		
펴낸곳	(주)북랩		
편집인	선일영	편집	오경진, 권혁신, 최예은, 최승헌, 김경무
디자인	이현수, 김민하, 한수희, 김윤주, 허지혜	제작	박기성, 황동현, 구성우, 정성배
마케팅	김회란, 박진관, 조하라		
출판등록	2004. 12. 1(제2012-000051호)		
주소	서울시 금천구 가산디지털 1로 168, 우림라이온스밸리 B동 B113, 114호		
홈페이지	www.book.co.kr		
전화번호	(02)2026-5777	팩스	(02)2026-5747

ISBN   979-11-6299-489-4 03370 (종이책)   979-11-6299-490-0 05370 (전자책)

잘못된 책은 구입한 곳에서 교환해드립니다.
이 책은 저작권법에 따라 보호받는 저작물이므로 무단 전재와 복제를 금합니다.

이 도서의 국립중앙도서관 출판예정도서목록(CIP)은 서지정보유통지원시스템 홈페이지(http://seoji.nl.go.kr)와
국가자료공동목록시스템(http://www.nl.go.kr/kolisnet)에서 이용하실 수 있습니다.
(CIP제어번호: CIP2019000083)

(주)북랩 성공출판의 파트너

북랩 홈페이지와 패밀리 사이트에서 다양한 출판 솔루션을 만나 보세요!

홈페이지 book.co.kr   •   **블로그** blog.naver.com/essaybook   •   **원고모집** book@book.co.kr

학교 내 비폭력 대화 사례집

꿈꾼다, 공감 교실

이옥숙 지음

북랩 book Lab

NVC 대화로 학교·학급 안 갈등을 만나다

10년 전, 어느 학부모가 방과후 교실을 방문하셨습니다.

"선생님. 우리 아이가 울면서 친구들이 괴롭힌다. 내 리코더를 변기 속으로 넣었다고 해요."

"언제 일어났던 일인가요? 저는 들은 적이 없습니다."

"4개월 전요?"

'왜 그 학생은 나에게 말하지 않았지?'라는 생각과 학부모의 비난을 들으면서 그동안 도덕적인 잣대에 따라 이분법적으로 했던 생활지도법을 잠시 멈추었습니다. 다른 생활지도방법을 찾고 싶었고, 저도 치유가 필요했습니다. 학부모에게 비난과 분노의 말들을 듣고, 적절한 언어와 비폭력적인 대화로 대응 또는 소통하지 못하고 그대로 듣고 있어야 했던 시간이 얼마나 힘든지를 경험한 그때 접한 것이 'NVC 공감 대화'였습니다. 캐서린 한의 첫 강의 중 욕구에 관한 연수는 저에게 신선하게 다가왔습니다.

그해 바로 NVC 공감 대화를 학급에 적용해 보기 시작했습니다.

저학년 학급 담임을 맡고 있었지만, NVC 공감 대화를 위해 느낌 낱말 확대 카드를 만들어 느낌으로 아침 활동을 시작했습니다. 학생들의 발표에 도움이 되었고 학생들도 그 느낌을 표현하는 데 별 무리가 없었습니다.

　고무공을 갖고 오는 날이었습니다. 저학년 학생들이라 고무공을 가방에서 꺼내더니 교실에서 던져보기도 하고 서로 보여 주고 있었습니다. 그러다 보니 교실이 소란스러워지기 시작했습니다. 제 목소리는 점점 커지면서 고무공을 사물함에 넣으라고 아이들에게 종용하게 되었습니다.

　바로 그때 한 남학생이 가방을 풀지도 않고 선생님 앞으로 오더니 장식용 공을 꺼냈습니다.

　저는 낮고 지친 목소리로 말했습니다.

　"그 공은 체육 시간에 못 써."

　그랬더니 그 학생은 금세 표정이 변하면서 "개XX야. 우짜라꼬."라고 하면서 눈물을 흘리며 교실이 떠날 듯 고함을 질렀습니다. 그 순간 나는 정신이 번쩍 들었습니다.

　내가 이 아이를 공감하지 않았구나.

　"와~! A야, 준비물을 챙겨 왔구나. 체육 할 생각을 하니 기쁘고 신나죠. 정말 하고 싶었네. (시간을 두고) 그런데 어쩌지. 이 공은 장식용 공인걸. 이 공으로 하면 다칠 수 있는데."라고 말했다면 어떤 반응을 했을까? 궁금합니다.

　그 다음 해 중학년 학급 담임을 할 때 아버지는 밤에 일하러 나가시고, 엄마가 계시지 않던 K라는 학생을 만나게 되었습니다. K는 가끔 화가 나면 주먹을 쥐고 친구의 뺨을 때리곤 했습니다. NVC 공감 대화를 지속해서 하면서도 늘 마무리는, "친구를 때리지 않으면 좋겠어."라는 선생님의 당부가 있었습니다. 그러던 중 운동장에서 놀던 여학생들이 올라와서 저에게 말했습니다.

　"선생님. K가 여학생 A한테 이상한 욕을 해요."

　"어떤 욕이니?"

여학생들이 서로 얼굴을 보면서 "네가 해."라며 서로 미뤘습니다. 말을 하지 못하겠다고 했습니다.

수업 종이 울리고 남학생 K가 교실로 돌아왔습니다.

"여학생 A에게 이상한 욕을 했다고 하는구나. 그 욕이 뭐냐고 물으니 말할 수 없다고 하네."

(목청을 높이며) "여학생 A가 우리 노는 데 들어와 게임을 방해했다고 요. 나가라고 하니 계속 안 나가고 있잖아요. 먼저 그랬다고요."

"화가 났구나."

(계속 큰 소리로) "선생님이 때리지 말래서 안 때렸어요."

"심한 욕을 했잖니? 여학생 A가 겁먹고 덜덜 떨고 있지 않니?"

(큰 소리로) "내가 화가 났다고요. 안 때렸다고요. 선생님이 때리지 말래서 안 때렸다고요. 여학생 A가 화나게 했다고요. 안 때렸다고요."

K는 그렇게 말하면서 눈을 부릅뜨고 주먹을 꽉 쥐었습니다.

나는 계속해서 심한 욕도 해서는 안 된다고 말하고 수업에 들어갔습니다.

남학생 K는 선생님이 친구를 때리지 말라고 한 약속을 지켰는데 나는 그때 남학생 K를 공감해 주지 않은 것을 뒤늦게 알고는 후회했습니다. 상대 공감이 순간적으로 나와야 하는데, 부정적인 행동을 하는 학생에게는 쉽지 않다는 것을 인지했습니다. 연습해도 실제 상황에서는 하기 힘들었습니다.

저학년 학급 담임을 하던 학년 초, 어느 학부모께 "어머니께서 계속 D를 3층 교실까지 데려다주시네요. 혹시 아이가 아픈가요?"라고 말한 적이 있습니다. 그러자 그 학부모는 복도가 쩌렁쩌렁하게 "선생님. 우리 아이가 왕따를 당할까 봐 걱정되어 교실까지 데려다줘요. 우리 아이가 등하굣길에 A한테 작년부터 왕따를 당했어요. 담임 선생님과 A의 엄마한테 이야기해도 계속 A가 괴롭혀요. 우리 반에 폭력적인 아이가 많아요. 그중에서도 A는 아주 행실이 나쁜 아이에요. 우리 아이가 괴롭힘을 당하는데도 아무 일이 일어나지 않았다고 학교가 관심도 가지지 않고 책임을 회피해요. 아이는 A가 무서워 학교에서 가기 싫대요."라고 대답했습니다.

학부모가 쏟아내는 폭풍 같은 말은 "선생님. 우리 아이가 마음 편하게 학교 다닐 수 있도록 도와주세요."라는 간절함으로 들렸습니다. 그 간절함을 공감해 주고 보냈지만, 학부모의 이야기를 들을 때는 말 망치가 온몸을 때리는 듯한 아픔을 느꼈습니다.

그 학부모의 말을 허투루 듣지 않고 학급 전체 학생의 놀이에 관심을 두기 시작했습니다. "운동장에서 혼자 있었던 친구가 있었니?"라고 하면 남학생 D의 이름이 제일 많이 나왔습니다. 아주 사소한 일도 그냥 넘기지 않고 NVC 모델 대화 모임에 초대했습니다.

대화 모임을 하고 나면 반드시 기록하여 놓친 부분은 없는지 확인하는 일을 게을리하지 않았습니다.

NVC 모델 대화는 한두 번으로 끝나지 않습니다. 교육 활동이 있는 곳에서는 사소한 갈등이 언제나 있습니다. 아주 작은 사소한 갈등을 풀어 갈 때 학생들은 마음이 편안해지고 공부에 집중하는 데 도움이 된다고 합니다.

학생 D는 말합니다.

"처음에는 선생님의 대화 모임이 진짜로 많이 어색했어요. 지금은 괜찮아요."

작은 칠판에 부착된 느낌 카드를 갖고 와 지금의 마음을 말하도록 하니 "친구들이 나랑 놀아 주지 않고 왕따를 시킨다고 생각했는데 지금은 학교 오는 것이 설레고 희망을 느끼고 행복해요. 대화 모임을 통해 나(학생 D)의 화를 다 풀어 주어 감동스러워요."라고 대답했습니다.

이 말을 들은 학생들도 다음과 같이 말했습니다.

"학교 오는 것이 신나요."

"매일 오고 싶어요. 토요일에도 오고 싶어요."

"친구들과 공부하는 것이 재미있어요."

"친구가 놀아주어 즐거워요."

"친구들이 잘 놀아주어 든든해요."

학생들은 "선생님!" 하고 사소한 갈등을 이야기했는데도 친구와의 갈등이 더 심화되거나, 마음이 덜 풀리거나, 그대로 있다면 그 이후부터는 선생님께 말하지 않게 됩니다.

NVC 대화의 두 가지 측면과 NVC 모델로 하는 대화는 짧은 시간을 활용하여 사소한 갈등을 풀어나가는 데 도움을 줍니다. 서로 간의 깊은 감정은 점심시간과 방과 후 시간을 활용합니다.

NVC 대화는 'Nonviolent communication'의 약자로, '비폭력 대화'로 번역됩니다. 때로는 '연민의 대화(Compassionate Communication)'라고 부르기도 합니다.

크리슈나무르티는 『교육을 말하다』에서 "'무엇을 가르칠 것인가?'라는 질문보다 '우리가 어떤 사람인가?'라는 질문이 훨씬 더 중요하다."라고 말합니다.

이 책은 아이들 사이에서 사소한 갈등이 생겨 "선생님!" 하고 부를 때 학생들의 말에 귀 기울이고 학생들이 들려준 말을 그대로 옮긴 후, 그 말 뒤의 느낌과 욕구를 찾아주려고 한 내용을 기록한 것입니다. 처음에는 교사가 대화 모임을 이끌다가 혼자서 할 수 있다고 하는 학생들은 스스로 하기도 합니다. 대화 모임을 진행할 때는 교사는 느낌과 욕구를 중심으로 연결했으며 강요하거나 평가하지 않고 학생들의 말을 그대로 수용합니다. 대화 모임을 이끄는 횟수가 늘고 많은 시간을 확보할수록 학생들은 자기 마음과 연결하여 지금 어떤 모습으로 있는지를 말하기도 합니다. 저학년의 마음이라고는 믿기지 않을 정도의 풍부한 감성, 민감성을 보이기도 합니다. 거짓말을 하는 횟수도 줄어듭니다. 머리에서 나오는 생각으로 말할 땐 나를 방어하기 위해 거짓을 말할 수 있지만, 마음으로 말하는 것은 거짓을 말하기가 힘듭니다. NVC 대화 모임을 하면서 학생들은 마음을 열어 선생님께 사소한 것까지 말하기 시작합니다. 학생들이 "선생님!" 하고 부를 때 귀 기울이지 않았거나 학생들이 말하지 않았다면 몰랐을 일들을 학생들의 말에 귀 기울이고 경청함으로써 왕따, 학교 폭력 등으로 번질 수 있는 일을 일어나지 않도록 예방할 수 있었습니다. 그리고 그런 날은 어김없이 학생들과 감사 대화를 합니다.

학급 학생들의 말 한마디, 한마디가 소중합니다.

여기 나오는 사례는 수업 중에 일어나는 학생들의 부적응 행동을 본 그 순간에 그 학생을 어떻게 하면 수업에 참여하도록 할 수 있을까? 학급 안에서 친구의 행동과 말로 힘들어하는 학생들의 마음을 회복시키고, 친구들에게 자극을 주는 행동과 언어를 반복해서 하는 학생들을 지도하는 방법을 탐색하고 고민하면서, 초등학교 저학년 학생들을 상대로 적용한 사례들입니다.

학생들의 물리적인 환경, 교육적인 환경을 머리로 생각하는 판단과 생각들을 가지지 않고, 쉬는 시간, 점심시간, 수업 중에 일어나는 순간의 갈등 상황만을 가지고 바로 그 자리에서 또는 학교생활 중에 NVC 공감 대화로 풀어나간 이야기들입니다.

학급 담임 교사로 학급을 경영하면서 학생들이 사소한 갈등을 호소할 때, NVC(비폭력) 대화로 갈등을 해결하여 학교 폭력 예방 교육에 도움을 받은 다양한 저의 사례를 초등학교 선생님들과 공유하고 싶은 바람입니다.

이옥숙

제2장
NVC 두 모델을 활용한 갈등 해결 사례 \\\\\\\\\\\\\\\\

제1장

NVC와 회복적 생활 교육

NVC 비폭력 대화 소개

비폭력 대화는 연민의 대화, 삶의 언어라고 부르기도 한다. 여기서 말하는 비폭력이란 간디의 '아힘사(살아있는 모든 것을 살생하면 안 된다)의 정신'으로 우리 마음 안에서 폭력이 가라앉고 우리의 본성인 연민으로 돌아갔을 때의 자연스러운 상태를 말한다. 비폭력 대화는 우리 자신을 더 깊이 이해하고 다른 사람과 유대 관계를 맺는 데 도움이 되는 구체적인 대화 방법이다.

로젠버그는 인간의 본성은 서로의 삶에 기여할 때 기쁨을 느끼는 것이라고 믿으면서 두 가지 문제를 깊이 생각하기 시작했다.

첫째, 왜 우리는 이 본성을 잃고 서로에게 폭력을 쓰면서 살게 되었는가?

둘째, 그런 반면에 어떤 사람들은 어려운 상황에서도 어떻게 자기 본연의 인간성을 잃지 않으면서 다른 사람들에 대한 연민을 유지하고 있는가?

이 두 가지를 연구하는 동안에 로젠버그는 우리가 대화할 때 쓰는 말과 말하는 방법이 얼마나 중요한 역할을 하는가를 깨달았다. 구체적이고 명확한 이 대화 방법은 여기에서 나온 것이다. NVC는 새로운 것이라기보다는 우리의 본래 모습을 우리 자신에게 상기시켜주려는 것이다.

로젠버그는 칼 로저스(인간 중심), 마틴 부버(대화 중심, 대화는 다른 인간과의 관계로 나타남), 장자, 간디, 마틴 루서 킹(시민운동가, 성직자)

등으로부터 영향을 받았다.

NVC 모델

서로 마음으로 주고받는 관계를 이루기 위해서 다음 네 가지에 우리 의식의 초점을 둔다.

첫째로, 어떤 상황에서 실제로 일어나고 있는 것을 있는 그대로 관찰한다. 나한테 유익하든 그렇지 않든 상대방의 말과 행동을 있는 그대로 관찰하는 것이다.

판단이나 평가를 하지 않으면서 관찰한 바를 명확하고 구체적으로 말하는 것이다.

둘째로, 그 행동을 보았을 때 어떻게 느끼는가를 말한다. 가슴이 아팠다든지, 두려웠거나 기쁘고, 즐겁고 또는 짜증 나는 등의 느낌을 말로 표현하는 것이다.

셋째로는 자신이 알아차린 느낌이 어떤 욕구와 연결되는지를 말한다. NVC로 우리의 마음을 정확하고 솔직히 표현할 때는 이 세 요소에 대한 의식이 그 안에 있다.

네 번째 요소는 내 삶을 더 풍요롭게 하기 위해서 다른 사람이 해 주기를 바라는 것을 표현하는 것이다.

NVC 모델의 네 단계

우리 삶에 영향을 미치는 구체적 행동을 관찰한다.
위의 관찰에 대한 느낌을 표현한다.
그러한 느낌을 일으키는 욕구, 가치관, 원하는 것을 찾아낸다.
우리 삶을 풍요롭게 하기 위해 구체적인 행동을 부탁한다.

- 『비폭력 대화』 中

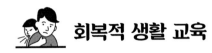 회복적 생활 교육

회복적 생활 교육은 잘못은 규칙을 어긴 것이라기보다는 규칙을 어긴 일로 인해 관계성이 훼손된 것이라고 본다. 훼손된 관계성을 회복시키고 그 과정을 통해 공동체가 재통합되고 공동체성이 강화되어가는 과정을 중시한다.

무엇을 회복할 것인가?

회복의 요소

회복적 정의가 회복하고자 하는 다섯 가지 주요한 요소인 피해의 회복, 자발적 책임의 회복, 관계의 회복, 공동체의 회복, 정의의 회복은 정의를 이루는 기초를 닦는 데 매우 중요한 초석이 된다.

어떤 사건에 대한 처벌이나 조치들이 과연 이 다섯 가지 요소들을 회복하는 쪽으로 기여하고 있는지를 점검하는 것은 당사자와 공동체의 회복을 위해 매우 필요한 부분이다.

관점의 변화

정의 패러다임을 바꾼다는 것은 결국 던지는 질문이 달라진다는 것을 의미한다.

가해자와 가해 행위에 따른 유죄의 확정이 핵심 질문이 되는 것이 아니라, 피해자와 피해의 회복에 초점이 맞춰지는 질문이 우선적으로 다뤄져야 한다.

응보적 정의 질문은,
"누가 가해자인가?"
"어떤 죄를 범했는가?"
"어떻게 처벌할 것인가?"다.

회복적 정의의 질문은,
"누가 피해를 입었는가?"
"어떤 피해가 발생했는가?"
"발생한 피해를 회복하기 위해 무엇이 필요한가?"다.

- 에듀니티 행복한 연수원. 회복적 생활 교육 中

# 서클

회복적 생활 교육의 핵심은 서클이다. 학교에서 피스메이킹 서클은 긍정적인 학급 분위기를 만들고 문제를 해결하는 데 도움을 준다. 서클 프로세스는 이야기하는 프로세스다. 모든 사람은 나눌 이야기가 있고 모든 이야기는 가르침을 담고 있다. 서클에서 사람들은 의미 있는 이야기를 나눔으로써 서로의 삶에 영향을 끼친다. 서클에서는 토킹 피스를 가진 사람만 말할 수 있도록 하고, 참여자들에게 토킹 피스를 차례대로 건네면서 자연스럽게 대화를 이끈다. 토킹 피스를 받은 사람은 다른 참여자들의 집중을 오롯이 받으며 방해받지 않고 말할 수 있다. 토킹 피스는 사람들이 자신의 감정을 충분히 표현하고, 남의 말을 주의 깊게 듣고, 깊이 생각한 후 반응하고, 서두르지 않고 말할 수 있도록 도와준다. 다른 사람 앞에서 말하는 것을 어려워하는 참여자가 있을 수 있는데, 토킹 피스를 건네받았다고 해서 꼭 말을 해야 하는 것은 아니다. 이야기 나눔 서클에서 참여자들은 다양한 관점에서 특정한 문제나 주제에 대해 살펴본다. 이야기 나눔 서클은 주제에 대해 어떤 합의에 도달하려고 시도하지 않는다. 대신 모든 의견을 존중받으며 말할 기회를 제공하고 참여자들에게 다양한 견해를 접할 기회를 통해 이후 자신들의 생각을 재정립할 수 있도록 한다. 서클은 이야기하는 과정이다. 서클은 가르침이나 충고, 어떻게 하라고 말하는 방식이 아니라 어려움, 고통, 기쁨, 좌절, 성취에 관해 이야기를 나눔으로써 참여한 모든 사람의 개인사와 경험을 통해 상황을 이해하고 앞으로 나아갈 수 있는 멋진 방법을 찾도록 돕는다. 개인적인 이야기들은 서클의 통찰력과 지혜의 원천이다. 우리는 이야기를 나눔으로써 다른

이들이 우리와 연결되어 있음을 느끼고, 서로의 공통점을 발견하고, 우리 자신에 대해 더욱 완전하게 이해할 수 있는 공간을 만든다. 서로를 존중하며 말하고 듣는 관계를 통해, 말하고 듣는 사람 모두 다른 사람과 좀 더 깊이 연결된다. 사람들이 고통이나 실수에 대한 이야기를 나누면서 보호막을 거두고 스스로 끊임없이 고민하는 약한 인간임을 드러내는 순간, 우리는 그들과 더욱 가까이 연결되어 있음을 느끼게 된다. 우리가 보편적인 인간성을 느끼는 데 있어 다른 사람을 나와 동떨어진 '타인'으로 생각하고, 그 사람과 단절되어 있다고 생각하기 힘들다. 이야기하기는 서클 참여자들 사이의 유대를 강화하고 자아 성찰을 촉진하며 북돋운다.

- 케이프라니스. 『서클 프로세스』中

NVC 모델의 네 단계

관찰 *Observation*

관찰은 NVC 모델의 첫 번째 요소로 어떤 일이 우리의 느낌을 자극하고 있는지 그 상황을 객관적이고 구체적으로 묘사하는 것이다. 각자의 판단, 추리, 의견, 생각, 추측, 선입관 등의 평가를 섞지 않고 우리가 보고 들은 그대로를 진행형으로 표현하는 것이다.

말할 때 관찰과 평가를 섞으면 상대가 이를 비판으로 듣고, 우리의 말에 거부감을 느끼게 된다. 그러면 상대는 대개 자기의 행동을 변명하면서 자신을 방어하려 하거나 아니면 우리를 공격할 준비를 하는 데 에너지를 쓰게 되어 대화가 더 이상 진전되지 못한다. 평가는 듣는 사람뿐만 아니라 말하는 사람에게도 부정적인 영향을 미친다.

관찰에는 상대를 비난하거나 상대의 잘못을 들춰내려는 의도가 없다. 이 상황에서 느끼는 강한 감정은 다음 단계인 느낌에서 충분히 표현된다.

-『비폭력 대화』中

관찰로 표현하기

"친구들이 나만 술래 시켜요.", "○○이는 맨날 욕해요.", "제멋대로 한다고요." 등 관찰과 평가, 판단을 뒤섞을 때 학생들은 고함을 지르거나 눈물을 보인다.

○ 판단: (고함을 지르며) "선생님. ○○는 제멋대로 한다고요." (판단)
  - 관찰: "운동장에서 술래잡기 놀이를 할 때 우리한테 말도 하지 않고 술래잡기 규칙을 갑자기 바꿔요."

○ 판단: (울면서) "선생님. 저보고 못났다고 모든 아이가 그래요. 국어 책에 있는 강아지 그림을 보고 내가 귀엽다고 하면서 '나도 귀엽지?' 라고 했더니 ○○가 '넌 못났어'라고 했어요."
  - 관찰: "모두가 아니고 한 명이구나."라고 명확하게 말해 준다.

○ 판단: (화가 난 목소리로) "○○는 폭력적이에요." (판단)
  - 관찰: "내가 걸어가고 있는데 내 팔을 툭 치고 갔어요. 아프지는 않 았어요."

○ 판단: (화가 난 목소리로) "나보고 이래라저래라 해요." (판단)
  - 내가 '~이다'도 맞다고 하면 ○○이가 '~입니다'가 맞다고 말해요.
  - "동시를 적고 있는데, '그건 아니야. 노래하듯이 적어야지. 니 그것도 모르나? 다시 해.'라고 말해요. 안 하고 있으면 '해라. 이거 해야 한 다.'고 하면서 짜증을 내요."
  - "내가 만들기를 하고 있는데 '그렇게 하면 안 돼.'라고 해요."
  - "나보고 바로 앉으라고 해요."

○ 판단: (작은 목소리로) "□□는 착해요. 아주 많이 착해요."
  - 관찰: "내가 수학 문제의 해답을 몰라서 ○○에게 물으면 답해 주지 않는데, □□에게 물으면 가르쳐 줘요."

○ 생각, 추측: (전화기 너머로 들려오는 B 학생 엄마의 화난 목소리) "선

생님. A가 우리 아이 필통과 가방을 뺏고 때렸다고 해요. 자주 때리는 거 아니에요?"

- 1층 신발장에서 A가 B의 필통과 가방을 잡았다. A가 B에게 '메롱~ 메롱~ 못하면서! 못하면서!'라고 하여 B가 놀리지 말라고 A의 몸을 밀쳤다.

○ "선생님. K가 급식실 앞 식수대에서 가래침을 뱉었어요."
"K에게 확인할게요."
(이 말을 들은 K가 울먹이는 목소리로) "물을 먹다가 사레가 걸려서 물을 뱉은 거예요."

　　교사는 학생들이 수업 중에 다른 행동을 하지 않고 수업에 열중하기를 바란다. 특히 수업 중에 소리를 내는 학생이 있으면 수업에 방해가 된다. 학생들이 긍정적인 행동 습관을 함양할 수 있도록 하기 위해 교사들은 많은 고민을 한다. 고래도 춤추게 한다는 칭찬에서부터 스티커 붙이기 또는 상장 주기 등 학생들에게 효과적인 방법 등을 찾아 시도해 본다. 이런 활동들은 부정적인 행동을 잠시 멈추게 할 수는 있지만, 내면화되기는 어렵다. 오히려 경쟁심만 키울 수도 있다. 학습 활동을 위해 쓰이는 게임 활동은 학생들에게 이기는 재미를 준다. 그러다 보면 다툼이 발생한다.

　　수업 중이나 쉬는 시간에 기본 생활 습관이 많이 갖추어지지 않은 학생들을 보고 작은 칠판에 관찰로 적는다. 학생들에게 작은 칠판에 적는다고 예고한 뒤 활동을 한다. 반드시 관찰로만 적고 학생에게 수정할 것이 있는지 확인을 한다. 그리고 이 문장은 언제든 지울 수 있고, 하고 싶은 말이 있으면 하도록 허용한다. 학생들은 스스로 문장을 보고 수정하거나 이유를 말한다. 이때, 교사는 화를 내거나 꼬리표를 달지 않는 자기 조절이 필요하다.

- "○○는 2교시 국어 시간에 만화책을 읽고 있다."
- 만화책을 지우고 책 제목을 적음.
- "○○는 체육 시간에 친구에게 '닥쳐!'라고 말했다."
- 자기도 모르게 입이 했다고 함.
- "○○, △△, □□, ▲▲는 책상 위에 연필, 지우개, 교과서를 두고 집으로 간다."
- 습관이 되어서 그렇게 가버린다고 함.
- "○○는 미술 작품을 파일에 넣지 않고 책상 안에 둔다."
- 사물함에 넣음.
- "○○는 수학 문제를 다 풀지 않고 중간놀이 시간에 운동장으로 간다."
- 공부와 놀기 중 우선적으로 선택한 것이 놀기라는 것을 알게 한다.
- "○○는 모둠 활동 시간에 크게 '아니야!'라고 하면서 책걸상을 뒤로 빼고 따로 앉는다."
- 친구들한테 서운해서 그랬다고 한다.
- "○○는 선생님이 수학 문제 푼 것을 틀렸다고 하니 '아씨!' 하면서 들어간다."
- 빨리 나가 놀고 싶은데 자꾸 틀려 짜증이 났다고 한다.
- "○○는 2교시 국어 쓰기 시간에 엎드려 있다."
- 쓰는 활동이 어렵다고 한다.
- "○○는 자기 자리 정리정돈을 하지 않고 집으로 간다."
- 까먹고 갔다. 다시 하겠다고 한다.
- "○○는 1~2교시까지 고개를 뒤로 젖히고 잠을 잔다."
- 늦잠을 잤다고 한다.

언어 표현이 어려운 학생을 위한 지도

언어 표현이 어려운 H. 화가 나면 실내화를 던지고 옷을 벗어서 돌아다니면서 친구들을 때리려고 한다. 이 모습을 보고 몇몇 학생들은 따라다닌다. 그러고는 교실에 아주 늦게 들어온다. 다른 학생들은 H가 친구들을 때리려고 해 말리다가 늦었다고 한다.

○ M의 경우

(작은 목소리로) "M이 H를 따라다닌 이유를 말해 주세요."

(생각을 하다가) "반에 가려고 하는데 H가 2층 계단을 막고 있었어요."

"다른 친구들은 바로 교실로 왔어요."

(생각을 하다가) "위험할 것 같았어요. 교무실 쪽의 계단으로 왔어요."

"체육 선생님께서 M이 교실에 가지 않고 2층 복도에서 H 옆에 있었다는 말을 들었어요."

(한참 생각한다)

"그때 마음을 말해 주세요."

계속 눈을 돌리고 주변을 살핀다. H가 평소와 다른 모습을 보이면 많은 아이가 걱정도 하지만 H를 따라다니느라 교실에 늦게 오는 모습을 자주 보인다.

"그때 마음이 생각이 안 나면 선생님이 추측해서 적은 문장을 보고 골라 주세요. 마음에 오는 것을 선택하세요. 천천히 읽어 보세요."

(한참을 읽고 또 읽어 본다) "나는 H가 어떻게 할지 궁금해서 따라다녔어요."

- 관찰: H가 궁금해서 따라간다.

○ S의 경우

"S가 H를 따라간 이유를 말해 주세요."

S는 M의 활동을 봐서인지 선생님이 쓴 문장을 신중히 여러 번 읽어 본다.

"장난을 하고 싶어서 따라갔어요."

- 관찰: 장난이 하고 싶어 따라간다.

○ G의 경우

"G가 H를 따라간 이유를 말해 주세요."

친구들이 선생님과 하는 대화 장면을 보고 나온 G는 눈물부터 보인다.

"꾸중하는 게 아니에요. 선생님은 너희들이 H 때문에 늦었다고 하니 걱정도 되고 궁금하기도 해요. 그리고 선생님이 알아야 H를 지도할 것 같기도 하고요. 한두 번이 아니고 계속 H 때문에 교실에 늦게 오니 정말 걱정이에요."

(선생님이 쓴 문장을 신중히 여러 번 읽어 본다) "H가 M만 따라다녔다. 그래서 H를 따라갔다. H가 손가락에 침을 묻혀 M에게 먹으라고 했어요."

"그래서 따라갔구나. M은 이런 말을 하지 않았어요. 확인해 볼게요. 그때 생각이나 마음을 말해 주세요."

(선생님이 쓴 문장을 신중히 여러 번 읽어 본다) "저는 H의 일에 관심이 있어요."

"H의 행동과 말에 흥미가 있다는 말이니?"

(끄덕끄덕)

- 관찰: G는 H의 행동과 말에 흥미가 있어 따라간다.

○ B의 경우

평소에 특별한 친구를 잘 도와주는 B.

"H를 따라간 이유를 말해 주세요."

멀뚱멀뚱한 표정으로 본다.

"기억이 나지 않는 거예요. 어제 2층 복도에서 B는 H 옆에 있었다고 해요. 생각해 보세요."

(같이 있었던 친구들이 "너 있었잖아."라고 하니) "아, 걱정되었어요. H가 친구들을 때릴까 봐 무서워 팔을 잡고 있었어요."

"걱정이 되었구나. 선생님은 B가 친구들을 도와주는 모습을 자주 봐요. (B를 꼭 안아 주면서) 너무 걱정하지 않아도 돼. 선생님과 부모님이 돌볼 거야. H가 화가 나 있다고 전해 주면 많은 도움이 된단다."

- 관찰: B는 H가 친구들을 때릴까 봐 걱정이 되어 따라간다.

크리슈나무르티는 '평가가 들어가지 않은 관찰은 인간 지성의 최고 형태'라고 한다. 학생들은 관찰 문장을 보고 선생님께 자기의 행동에 대한 이유를 말하기 시작한다. 학생들의 그때 생각과 마음만 관찰해 주어도 학생들은 그 상황에서 자기 행동을 어떻게 해야 하는지 선택할 힘을 갖게 된다.

교사는 그 행동에 대한 비난, 평가, 판단 등을 하지 않는다. 이 활동은 학급을 맡은 날부터 학기가 종료될 때까지 지속해서 한다.

H의 부모님께 연극 교실에 참여하기를 부탁드리고, 학교에서도 교육 연극을 월 2회 실시하였다. 친구들과 사소한 갈등이 발생할 때마다 NVC 대화 모임을 통해 관찰과 평가, 판단, 자기 생각을 구별하는 활동을 지속해서 하였다. 이 활동으로 "선생님. 친구들이 날 놀린다고 생각한 거예요.", "선생님. 친구들이 날 보고 비웃는 거로 생각했어요.", "선생님. 수업 종 쳤는데 친구들이 계속 게임을 할 거라고 생각했어요."라는

말을 하기 시작한다. 이 시작은 예전의 행동을 감소시키고 친구들과 친밀하게 놀 기회를 얻는 출발점이 되었다.

느낌 *Feeling*

느낌이란 외부나 내부의 자극에 대해 우리 몸과 마음에서 일어나는 반응이다. 느낌은 우리에게 필요한 것을 알려주는 경보기 같은 존재로, 욕구가 충족되었는지 그렇지 못한지의 상태를 알려주는 메신저 역할을 한다.

느낌은 욕구 충족의 여부에 따라 달라진다. 이해, 수용, 지원과 같은 욕구가 충족되었을 때는 즐겁고 행복하며 편안하고 흐뭇하고 만족스럽다. 그러나 그러한 욕구가 충족되지 않았을 때는 불안하고 우울하고 허전하고 슬프고 괴로움을 느낀다. 느낌 뒤에 있는 욕구를 의식하고 그 욕구의 에너지와 연결함으로써 아프고 힘든 느낌에서 해방될 수 있다.

자신의 느낌을 명확하게 의식하고 서로 솔직하게 표현할 수 있을 때 우리는 좀 더 쉽고 다른 사람과 원만하고 부드러운 정서적 유대관계를 이루고 유지할 수 있다. 같은 상황에서 같은 말을 들어도 모두가 다 다르게 느낄 수 있으며, 오직 자신만이 자기의 느낌에 확신을 가질 수 있다.

-『비폭력 대화』中

1년 동안 교실에 부착해 놓는 확대 카드 1

1년 동안 교실에 부착해 놓는 확대 카드 2

느낌 표현(1학년, 슬플 때)   느낌 표현(1학년, 화날 때)

느낌 표현(1학년, 기쁠 때 1, 2)

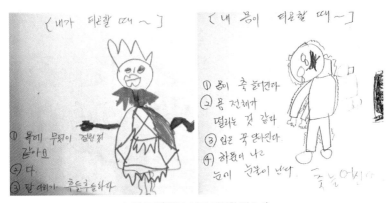

느낌 표현(1학년, 내가 피곤할 때 1, 2)

꿈꾼다, 공감 교실

느낌 표현(1학년, 무서울 때)

느낌 찾기를 할 때

- 다양한 느낌을 찾도록 할 때는 천천히 한다.
- 느낌 그로그 카드를 활용하여 찾도록 도움을 준다.
- 언제든지 보고 찾을 수 있도록 손쉬운 곳에 둔다.
- 감정 표현이 서툰 학생에게는 그로그 느낌 카드가 마음을 열게 한다.
- 교과와 연계, 독서 활동과 연계해서 다양한 방법으로 표현할 기회를 준다.
- 느낌은 장난으로 어떤 행동을 하다가 불편한 마음이 올라오면 행동을

멈추게 한다.

- 학교생활 장면에서 친구에게 온 학습 기회를 가져가는 학생은 알고 있는 것을 하고 싶다는 강한 욕구를 충족하기 위해 하는 행동일 뿐, 상대 친구에게 어떤 영향을 주는지 알지 못하는 경우가 있다. 느낌으로 표현하기를 계속하면 이런 장면들은 나타나지 않게 된다.
- 느낌 대신 생각(판단, 비난)을 말하면 다툼이 시작된다.
- 상대를 비난하기보다는 내 느낌을 말하면 상대도 들을 마음이 생긴다.
- 느낌으로 말하면 말하는 학생도 편안하다.
- 책을 읽고 생각을 나누는 시간에 느낌으로 말하도록 하면 자신의 삶을 성찰하고, 다른 사람의 처지를 공감하는 마음을 자연스럽게 키우게 된다.

느낌으로 바꾸기

느낌은 공감 능력을 키우는 데 필요한 중요한 낱말들이다. 수시로 교과와 연계하여 찾아보는 활동을 지속적으로 해야 효과적이다. 폭력적인 성향이 있는 학생들을 위해 교사는 지속적으로 느낌 찾기 활동을 하기를 바란다. 친구를 밀쳐 넘어지면 즐거워하고, 친구가 왜 우는지 이해하지 못하는 학생도 비폭력 대화(NVC) 과정을 20개월 정도 하면 친구의 마음을 처음보다 빠른 속도로 이해하기 시작한다.

몇몇 동료 교사와 주변 사람들 중에는 느낌은 크면서 다 알게 되는 것이라고 하는 사람도 있다. 물론 저절로 알게 되는 것도 있겠지만, 미리 알고 내 마음과 상대방의 마음을 이해하면서 학교생활을 하면 자기 자신을 보호하고 주변의 친구들도 보호할 수 있을 것이다.

말	느낌
- "무시하잖아요."	- 서운한, 마음이 아픈, 속상한
- "나만 두고 도망가잖아요."	- 슬픈, 놀란, 당황스러운, 마음이 상한
- (한숨 쉬는 학생에게. "왜?") "그냥요."	- 답답한, 갑갑한
- "장난인데요."	- 걱정되는, 후회하는, 두려운
- "일부러 한 거 아닌데요."	- 신경 쓰이는, 걱정되는, 겁나는
- "씨X."	- 화가 나는, 피곤한, 힘든
- "까불잖아요."	- 당혹스러운, 서운한, 섭섭한, 당황한
- "비웃잖아요."	- 불편한, 신경 쓰이는, 화나는, 궁금한
- "의심하잖아요."	- 화가 나는, 신경 쓰이는, 속상한
- "나만 술래 하래요."	- 심심한, 지루한, 억울한
- "이래라저래라 해요."	- 불편한, 짜증 나는
- "왕처럼 해요."	- 어색한, 짜증 나는, 불편한, 어리둥절한

○ 수업과 연계한 활동

① "비가 오네."라는 문장을 칠판에 적는다.

② 카드에 감정 단어를 10개 적는다.

③ 한 명의 학생이 나와 카드를 뽑는다.

④ 몸짓, 목소리, 표정으로 "비가 오네."를 말한다.

⑤ 친구들이 손을 들면 카드를 뽑은 학생이 지명한다.

S가 말한다.

"선생님. 화가 나는 것과 짜증이 나는 것은 다른 거네요."

○ 놀이로 알아보는 느낌

- 두 팀으로 나눈다.

- 두 팀에서 가장 많이 나오는 느낌 하나를 고른다.

- 〈우리 집에 왜 왔니?〉를 부른다.

"우리 집에 왜 왔니 왜 왔니 왜 왔니
　(느낌) 찾으러 왔단다 왔단다 왔단다
　무슨 느낌 찾으러 왔느냐 왔느냐
　(신난다)를 찾으러 왔단다 왔단다
　가위바위보"

- 승리한 곳에서 '신난다'를 행동으로 표현한다.

『강아지똥』을 읽고

○ 느낌으로 말해요
- "강아지똥에게 더럽다고 해서 서운합니다."
- "참새가 강아지똥에게 더럽다고 하면서 날아가 서럽고 혼란스럽습니다."
- "강아지똥은 흙덩어리가 위로해 주어 기쁩니다."
- "강아지똥은 같이 있던 친구가 소달구지에 끌려가서 외롭습니다."
- "강아지똥은 민들레에게 힘이 되어 주어서 뿌듯합니다."
- "강아지똥은 흙덩어리가 비웃어서 화가 났습니다."
- "강아지똥은 민들레의 거름이 될 수 있어서 기쁘고 행복합니다."
- "강아지똥은 흙덩이가 끌려가 혼자 남아서 마음이 아픕니다."
- "강아지똥은 참새 흙덩이가 놀려서 슬픕니다."
- "강아지똥은 비가 오지 않아 아기고추가 죽어서 흙덩이가 되어 답답하고 슬픕니다."
- "강아지똥은 같이 있던 친구가 소달구지에 끌려가서 외롭습니다."

- "강아지똥이 민들레를 예쁘게 키워주어서 고맙습니다."

(아이를 닮으려는) 이중섭을 읽고

- "이중섭은 대단합니다. 왜냐하면 전교에서 그림을 제일 잘 그리기 때문입니다."
- "이중섭은 여덟 살이 되었을 때 가족 곁을 떠나 슬픕니다."
- "이중섭은 희망이 많은 그림을 그렸기 때문에 기쁩니다. 저도 그런 그림을 그리고 싶습니다."
- "이중섭은 불편합니다. 왜냐하면 볼춘이라는 별명을 친구들이 지어주어서입니다."
- "숨어서라도 그림을 그릴 수 있어 이중섭은 행복합니다."
- "이중섭은 가족들과 잘 어울리지 못하고 외톨이로 지냈기 때문입니다."
- "일본의 자유전에 작품을 출품하여 좋은 평가를 받은 이중섭이 자랑스럽습니다."
- "평양고보의 입학시험에 떨어져 이중섭은 슬픕니다."
- "이중섭은 따뜻합니다. 소나무 노래를 불렀기 때문입니다."
- "이중섭은 외롭습니다. 왜냐하면 외갓집 식구들과 잘 어울리지 못하고 외톨이로 지냈기 때문입니다."
- "그림을 잘 그리고 그림과 사이좋은 친구가 된 이중섭은 자랑스럽습니다."
- "입학시험에 떨어져서 이중섭은 슬픕니다."

- "이중섭은 기쁩니다. 왜냐하면 헤어진 가족을 만날 수 있기 때문입니다."

- "이중섭은 전쟁 때문에 자기 마음을 담아 황소 그림을 그려서 멋있습니다."
- "이중섭을 읽고 민둥산이 무엇인지 알아 배움이 있었습니다."
- "이중섭은 기쁩니다. 왜냐하면 몸은 비록 멀어져 있지만, 그림 속에서 가족은 언제나 같이 손잡고 춤을 추거나 함께 뒹굴고 있기 때문입니다."
- "이중섭은 신납니다. 자기가 좋아하는 장난꾸러기를 그렸기 때문입니다."
- "이중섭은 억울하고 슬픕니다. 왜냐하면 이중섭을 보고 소도둑이라고 했기 때문입니다."
- "이중섭은 행복하고 기쁩니다. 왜냐하면 1년 만에 가족을 만났기 때문입니다."
- "이중섭은 기쁩니다. 왜냐하면 1주일 만에 온 가족을 만날 수 있기 때문입니다."
- "이중섭은 가족을 만나 기쁘지만 선원증의 기한이 1주일이기 때문에 아쉽습니다."
- "이중섭은 일본의 산은 너무 나무가 빽빽해서 답답하고, 나무들은 하늘 높이 솟아 있어 인정미가 없다고 한 것이 궁금합니다."
- "이중섭은 '섭섭하고 슬픈'입니다. 왜냐하면 1952년 여름, 전쟁이 가져온 가난과 배고픔에 지쳐 이중섭의 아내와 두 아들이 일본인 송환선을 타고 일본으로 떠났기 때문입니다."
- "이중섭은 '즐거운'입니다. 왜냐하면 헤어진 가족을 다시 만나기 위해 그림을 그리고, 그림처럼 언젠가는 만나게 될 것이라고 기다렸기 때문입니다."
- "이중섭은 '슬픈'입니다. 캔버스나 물감을 살 돈이 없기 때문입니다."
- "이중섭은 '슬픈'입니다. 왜냐하면 늘 헤어진 가족을 다시 만나는 꿈을

꿈꾼다, 공감 교실

꾸기 때문입니다."

- "이중섭은 '기쁨'입니다. 왜냐하면 친구들이 일본으로 가는 배를 마련해 주었기 때문입니다."
- "이중섭은 불쌍합니다. 왜냐하면 버려진 담뱃갑을 주워 담배를 싼 은종이에 못과 송곳 같은 것으로 꾹꾹 눌러 선을 그렸기 때문입니다."
- "소 주인이 소도둑이라고 생각하고 경찰에 신고하여 혼란스러울 것 같습니다."
- "이중섭은 '당황한'입니다. 왜냐하면 소 주인이 소도둑으로 의심해 경찰서에 신고했기 때문입니다."
- "이중섭은 '기쁨'입니다. 왜냐하면 통영으로 이사를 했는데 주위 사람들의 배려로 안정된 마음으로 그림을 그릴 수 있었기 때문입니다."
- "이중섭은 일본에 간 두 아이와 아내가 그립습니다."

"꼴찌라도 괜찮아."라는 말을 들으면

- 친구가 말할 때: "저는 1등을 하고 싶었는데, 친구가 '꼴찌라도 괜찮아.' 라고 하면 짜증이 납니다."
- 아빠, 엄마가 말할 때: "엄마, 아빠는 나에게 많은 도움을 주고 위로하듯이 말하기 때문에 '고마운', '감사한'입니다."
- 선생님이 말할 때: "선생님은 평화롭게 말하기 때문에 '감사한'입니다."

- 친구가 말할 때: "좋은 친구 같아 기쁩니다."
- 선생님, 아빠, 엄마가 말할 때: "감사하고, 고맙고, 편안합니다."

- 선생님, 아빠, 엄마, 친구가 말할 때: "마음이 놓이고, 긴장이 풀립니다."

- 선생님, 친구가 말할 때: "제가 달리기에서 꼴찌가 됐는데 친구가 나에게 '꼴찌라도 괜찮아.'라고 하면, 저는 용기가 생기고 평화가 올 것 같습니다. 왜냐하면 다음에 또 달리기를 하면 되기 때문입니다."
- 아빠, 엄마가 말할 때: "엄마, 아빠가 저에게 '꼴찌라도 괜찮아.'라고 하면 저는 마음이 놓이고, 안심이 될 것 같습니다. 그 까닭은 엄마와 아빠가 모르고 있는 곳에서 꼴찌가 되긴 했지만, 기회가 많기 때문입니다."

- 친구가 말할 때: "짜증 나고 슬플 것 같습니다. 왜냐하면 꼴찌가 싫기 때문입니다."

- 친구가 말할 때: "전 친구가 '꼴찌라도 괜찮아.'라고 하면 흐뭇하고 고맙습니다. 왜냐하면 친구가 저한테 '꼴찌라도 괜찮아.'라고 할 때 1등 할 수 있는 의지가 생기기 때문입니다."
- 아빠, 엄마가 말할 때: "엄마, 아빠가 '꼴찌라도 괜찮아.'라고 하면 제 기분은 '속상한', '실망한'입니다. 왜냐하면 엄마, 아빠한테 1, 2등 하는 걸 보여 주고 싶기 때문입니다."
- 선생님이 말할 때: "전 선생님이 '꼴찌라도 괜찮아.'라고 하면 제 기분은 '평화로운', '용기 나는'입니다. 왜냐하면 선생님이 나한테 위로를 주고 나에게 용기와 평화를 주는 것 같기 때문입니다."

- 선생님, 아빠, 엄마, 친구가 말할 때: "고맙고, 희망을 느낍니다. 왜냐하면 꼴찌라서 서러운데 '꼴찌라도 괜찮아.'라고 하면 기분이 좋아지기 때문입니다."

- 선생님이 말할 때: "'평화로운'입니다. 왜냐하면 평화롭게 말하기 때문

입니다.”

- 친구가 말할 때: “꼴찌라면 실망하지만, 친구가 그 말을 하면 고맙고 용기가 나고 안심이 됩니다. 왜냐하면 친구가 그 말을 해 주면 감동적이기 때문입니다.”

- 아빠, 엄마가 말할 때: “부모님이 그런 말씀을 하시면 신경 쓰이지만, 마음이 놓입니다. 왜냐하면 저를 사랑해 주셔서 그렇습니다.”

- 선생님이 말할 때: “선생님이 그러시면 생기가 돌고 잘할 수 있다는 희망을 느낍니다. 왜냐하면 선생님이 저희를 부모님처럼 잘 대해 주시기 때문입니다.”

- 선생님, 아빠, 엄마, 친구가 말할 때: “안심이 되고, 기분이 좋아집니다.”

- 선생님, 친구가 말할 때: “친구가 나에게 ‘꼴찌라도 괜찮아.’라고 하면 마음이 놓이고 용기가 나고 감사합니다.”

- 아빠, 엄마가 말할 때: “아빠, 엄마가 ‘꼴찌라도 괜찮아.’라고 하면 편안하고 든든합니다.”

- 친구가 말할 때: “속상하고 짜증 납니다. 왜냐하면 친구들이 나도 공부를 잘하는데 자기 생각을 말하기 때문입니다.”

- 아빠, 엄마가 말할 때: “집에서는 제가 형보다 공부를 못합니다. 그래서 ‘꼴찌라도 괜찮아.’라고 말해 주시면 고맙습니다.”

- 선생님이 말할 때: “다른 친구들도 잘하지 못하는데 저에게만 ‘꼴찌라도 괜찮아.’라고 선생님이 그러시면 저는 기분이 속상할 것입니다.”

독서 동아리 시간을 이용하여 활동한 이 교육 활동에서 학생들은 깊은 몰입도를 보였고, 발표하고자 하는 의욕과 흥이 춤을 추는 듯했다.

독서 활동 후 인상 깊은 장면을 표현할 때 느낌, 욕구 카드를 보면서 하라고 하면 글에 대한 느낌을 풍부하게 말하게 되고 이해도 촉진하게 된다.

학급 담임 교사도 학생들의 목소리, 표정, 행동을 보고 학생들의 마음을 읽을 수 있다면 학급 경영을 하는 데 도움이 된다.

그로그 카드(느낌)를 활용한 사례

○ 서로에 대한 부정적인 감정이 깊은 학생과의 대화

고학년 여학생 A와 남학생 B가 다툰다. 남학생 B가 말없이 여학생 A의 물건(필통, 지우개, 연필 등)을 가지고 간다고 한다. 이런 일이 한두 번이 아니라고 한다. 남학생 B는 미안하다고 두 번 사과했는데 여학생 A가 받아 주지 않는다고 한다.

여학생 A는 "남학생 B랑 말도 하기 싫고 보기도 싫어요. 말하지 않고 지낼 거예요. 사과받아 주기 싫어요."라고 말했다.

"남학생 B를 생각하면 어떤 느낌인지 찾아 주세요. 여학생 A가 찾은 느낌으로 이야기해 볼까요?"

- 행복한, 기쁜: "남학생 B랑 같이 놀면 행복하고 기뻐요."
- 감사한, 고마운: "남학생 B가 잘 놀아 주면 감사하고 고마워요."
- 뿌듯한, 자랑스러운: "남학생 B는 잘 놀고 공부도 잘해서 뿌듯하고 자랑스러워요."
- 반가운: "남학생 B가 놀 때 오면 반가워요."

- 든든한: "남학생 B가 팀 게임을 할 때 잘해서 든든해요."
- 짜증 나는: "남학생 B가 함부로 내 물건을 가지고 가면 짜증 나요."
- 혼란스러운: "남학생 B가 친구를 놀리는 것을 보면 혼란스러워요."
- 답답한, 갑갑한: "남학생 B가 자기가 하고 싶은 것만 할 때는 답답하고 갑갑해요."
- 억울한, 분한: "내가 그러려고 한 것은 아닌데, 남학생 B가 다르게 말할 때 분하고 억울해요. (내가 말하는 의도를 다르게 말할 때)"
- 마음이 두 갈래인: "남학생 B와 싸우고 나면 마음이 두 갈래예요."
- 놀란: "남학생 B가 화를 내면 놀라요."
- 화나는, 열 받은: "남학생 B가 내가 한 게 아닌 데 뭐라고 할 때 나는 화가 나요."

"여학생 A의 이야기를 듣고 남학생 B의 생각을 말해 주세요."

"다른 애들 놀릴 때 여학생 A가 신경 쓰는 줄 몰랐어요. 여학생 A만 잘못한 게 아니고 저도 잘못한 것 같아요."
"남학생 B가 잘못했다는 것을 인정해서 마음이 편해요."
"가만히 있는 친구를 괴롭힌 게 후회가 됩니다. 처음에는 그러려고 한 게 아닌데 제가 물건을 가지고 가버렸어요."
"남학생 B가 인정하니 설왕설래 안 하고 잘 놀 수 있을 것 같아요. 선생님께 감사해요."
"여학생과 큰일이 벌어지기 전에 대화로 풀 수 있어서 편안해요. 여학생 A랑 편안하게 놀 수 있을 것 같아요. 선생님께 감사해요."

우리 반은 다음과 같이 약속했다.
친구의 물건을 가지고 갈 땐 친구에게 물어보고 가지고 간다.

여학생 A가 남학생 B에 대한 분노의 마음이 깊다면 지금 상황을 가지고 NVC 모델로 솔직한 자기표현과 상대 공감하기를 하기보다는 여학생 A가 남학생 B를 생각할 때 어떤 느낌인지 들려주는 것이 효과적이다.

그로그 느낌 카드를 한 장씩 들고 보여 주면서 남학생 B에 대한 느낌이 어떤지 찾도록 한다. 한 장씩 보여 주는 것이 그 감정에 집중하는 데 도움이 된다.

찾은 느낌은 충족된 욕구의 느낌부터 놓도록 한다.

두 학생에게 가만히 듣도록 한다. (눈을 감아도 된다)

여학생 A는 "남학생 B와 같이 놀면 '행복'하고 '기뻐'요."라는 문장으로, 찾은 느낌을 문장화하여 모두에게 들려준다.

충족된 욕구 느낌부터 다 들려주고 충족되지 않은 욕구 느낌을 들려주면 몸과 마음이 다르게 반응하는 것을 알 수 있다.

○ NVC 대화로 회복된 생활 교육 요소
① 영향을 받은 학생의 회복: B에게 자기의 생각을 다 말하고, B가 자신의 행동을 인정하여 마음이 풀린다.
② 자발적 책임 회복: 남학생 B는 여학생 A가 하는 말을 다 듣고 여학생만 잘못한 것이 아니라 남학생 B 자신도 잘못한 행동이 있다는 것을 인정한다.
③ 관계 회복: 남학생 B는 여학생 A를 괴롭힐 때마다 "미안해."라고만 했을 때는 여학생 A의 마음이 풀리지 않았는데, NVC 대화로 서로의 마음을 이해할 수 있어 다시 편안하게 놀 수 있다고 한다.

욕구 *Need*

우리가 하는 모든 행동은 어떤 욕구를 충족하려는 시도이다. 욕구는 이념, 언어, 지역, 나이, 종교, 문화를 넘어서는 보편적인 것이다.

욕구는 삶 자체에서 나오는 에너지로 우리 내면의 긍정적인 힘이다. 사람이 살아가는 데 필요하고 중요하며 가치 있는 것으로 삶에 생동감을 불어 넣어주는 에너지로 나타난다. 내면의 평화와 창조적이고 행복한 삶을 사는 데 필수적인 조건이다.

욕구는 인간 모두가 똑같이 가진 보편적인 것이어서 욕구 차원에서는 우리 모두가 연결되어 있음을 체험하게 된다. 그러나 그것을 충족시키기 위한 수단 및 방법은 사람이나 시간, 혹은 속해있는 문화권에 따라 다를 수 있다.

- 『비폭력 대화』 中

욕구 찾기

말	욕구
- "무시하잖아요."	- 배려, 존중
- "나만 두고 도망가잖아요."	- 배려, 이해, 친밀한 관계, 소속감
- (한숨 쉬는 학생에게. "왜?") "그냥요."	- 정서적 안정, 편안함
- "장난인데요."	- 이해, 배려, 수용, 재미
- "일부러 한 거 아닌데요."	- 수용, 이해, 배려
- "씨X."	- 공감, 혼자만의 시간
- "까불잖아요."	- 존중, 예절, 배려
- "비웃잖아요."	- 존중, 소통, 수용
- "의심하잖아요."	- 신뢰, 믿음, 우정
- "이래라저래라 해요."	- 자율성, 존중, 경청
- "왕처럼 해요."	- 평등, 우정, 존중, 배려
- "나만 술래 하래요."	- 배려, 이해, 재미, 즐거움

- (공놀이하다 공에 맞을 때) "에이 씨!"	- 재미, 즐거움, 존재감
- (화가 난 목소리로) "가르쳐 줬다고요!"	- 자율성, 배려

수업 중, 책을 읽을 때 목소리가 작은 학생을 보고 "크게 읽으세요."라고 말하는 것보다 또박또박 크게 읽는 학생을 보고 "친구를 배려해 주어서 감사합니다."라고 말하면 아이는 그다음부터는 자신감 있게 책을 읽는다. 교사의 강요가 아닌 스스로의 힘으로 크게 읽는 모든 학생에게 "배려, 감사합니다."라고 반응해 준다. 지속적으로 교사가 NVC(비폭력)대화를 하면 학생들은 자기 자신의 행동과 말에 책임을 지는 정직성을 보이고 선택하는 힘을 보인다.

사소한 갈등이 생겼을 때 메모지에 기록하니 학생들이 내용을 보려고 한다. 한 명씩 불러 대화를 나눌 때는 바로 그 자리에서 기록하고, 관련 학생들에게도 보여 주면서 정리한다.

"선생님과 함께 기록하면서 대화를 하면 (욕구 카드를 보면서) 뭐가 좋으니?"
"신뢰가 생겨요."
"안심이 돼요."
"믿음이 가요."

사소한 갈등이 생겨 학생들의 다툼이 발생할 때 서로의 욕구가 달라 충돌한 것임을 알게 하면 갈등 상황을 조절하는 데 도움이 된다.

'놀이'로 욕구 낱말 알기

○ 초성 놀이

첫째, 교사가 욕구 목록 또는 욕구 낱말 카드에서 낱말 하나를 선택하여 초성으로만 제시한다.

둘째, 아이들은 제시된 초성을 보고 욕구 낱말을 맞춘다.

○ 주사위 놀이

첫째, 교사는 6개의 욕구 낱말을 적는다(1. 행복, 2. 우정, 3. 안전, 4. 배려, 5. 이해, 6. 질서).

둘째, 모둠별로 주사위를 주어 순번을 정해 던진다. 주사위에 나온 수의 욕구를 본다. 나머지 모둠원이 주사위를 던진 모둠원에게 질문한다. 칠판의 욕구 낱말을 보고 "너는 안전을 위해 무엇을 하니?" 등으로 질문한다.

부탁 *Request*

NVC에서 부탁이란 자신의 욕구를 의식한 다음 자신이 원하는 삶을 구현하기 위해서 구체적인 행동을 요청하는 것이다. 부탁은 크게 연결 부탁과 행동 부탁으로 나눌 수 있다.

연결 부탁은 대화가 끊어지지 않고 유연하게 이어져 흐를 수 있도록 상대를 대화에 초대하는 방법이다. 상대를 동등하게 존중하면서 들으려는 의사가 전달된다.

행동 부탁은 구체적이고 긍정적인 행동을 의문형으로 부탁하는 것이다. 우리의 의도가 강요가 아니라, 부탁임을 확인하는 것이 중요하다. 진정한 부탁은 상대가 우리의 부탁을 들어주지 않을 때,

그것을 거절로 듣기보다는 상대가 돌보려 하는 욕구를 공감하며 모두의 욕구가 충족될 방법을 계속 찾아보는 것이다.

-『비폭력 대화』中

NVC로 부탁하기

학교에서 부탁할 때는 두 가지 경우가 발생한다. 학생이 문제를 갖고 있을 경우와 교사가 문제를 갖고 있을 경우가 있다.

예를 들면 아이들이 "선생님. ○○는 제멋대로 한다고요."라고 말하는 것은 학생이 문제를 갖고 있는 경우이다.

수업 중에 교과서를 꺼내지 않고 색종이 접기를 계속하고 있는 장면, 쉬는 시간에 발을 걸어 다른 학생을 넘어지게 하는 장면을 보고 감정이 올라왔다면 교사가 문제를 갖고 있는 경우이다. 내가 그 학생을 보고 머리로 올라온 생각이나 판단 때문에 화가 나는 것이다.

"나는 M이 교과서를 펴지 않고 색종이 접기만 하는 것을 볼 때 화가 난다. 왜냐하면 나는 '학생이라면 교과서를 펴고 당연히 공부를 해야지!'라고 생각하기 때문이다."

내가 그 학생에 대한 비판적인 생각들을 하고 있다는 것을 인식하면 도움이 된다.

교사가 문제를 갖고 있을 경우는 자기 공감 후 대화를 하는 것이 상대를 비난하거나 강요하는 말을 하지 않을 수 있다.

○ 사례 1

"선생님. ○○는 제멋대로 한다고요."

- 연결 부탁: "게임을 시작하기 전에 정한 규칙은 그대로 지켜주면 좋겠어. 친구들이 혼란스러운 것 같아. 네 생각은 어때?"

- 행동 부탁: "게임을 시작하기 전에 정한 규칙은 그대로 지켜 주겠니?"

○ 사례 2

"선생님. 내 이름을 □□라고 불러요."

- 연결 부탁: "내 이름은 ○○야. 내 이름을 부르지 않고 □□라고 부르니 슬퍼. 내 이름을 바르게 불러줘. 내 말을 듣고 네 생각을 말해 줬으면 좋겠어."

- 행동 부탁: "□□라고 부르지 말고 내 이름을 바르게 불러 줄 수 있니?"

○ 사례 3(급식실에서 큰 소리로 말하는 학생을 볼 경우)

- 연결 부탁: "목소리가 너무 커서 불안하고 신경이 쓰여. 급식실에서 밥을 편안하게 먹고 싶은데, 네 생각은 어떠니?"

- 행동 부탁: "목소리가 너무 커서 불안하고 신경이 쓰여. 편안하게 먹고 싶은데 속삭이듯 말해 주겠니?"

○ 사례 4(친구에게 화를 내며 말하는 학생에게)

- 연결 부탁: "친절하게 말하면 친구들이랑 친하게 지낼 수 있을 것 같은데, 네 생각은 어떠니?"

- 행동 부탁: "작은 목소리로 친구들에게 친절하게 말해 주겠니?"

○ 사례 5(서로 자기 말만 하는 학생에게)

- 연결 부탁: "소리를 낮추고 서로의 마음을 먼저 말하면 어떨까? 네 생

각은 어떠니?"
- 행동 부탁: "서로 마주 보지 말고 선생님을 보면서 말해 주겠니?"

○ 사례 6(수업 중에 다른 것을 하는 학생을 볼 때)

수학 시간인데 고학년 학생이 전 시간에 마무리해야 할 연필꽂이 통을 계속 만들고 있다.

(연필꽂이를 계속 만드는 학생을 보며) "연필꽂이를 완성하려는 마음은 성실하고 책임감 있는 행동이야. 그런데 지금 선생님 마음이 불편하네. 짝은 어떠니?"

"저도 불편해요."

"왜 선생님과 짝은 불편할까? 수학 시간인데 하니까 불편한 것 같아. 친구들은 모두 수학 문제를 푸는데, 혼자 연필꽂이를 만들고 있으니 공평하지 않은 것 같기도 해. 쉬는 시간에 마무리하면 어떨까?"

이 학생은 말없이 연필꽂이를 사물함에 넣는다. 수업 시간이 끝날 무렵에 다시 대화해 보았다.

"선생님의 어떤 말이 사물함에 연필꽂이 통을 넣게 했니?"

"'괜찮아.'라고 한 거요."

('괜찮아.'라는 말을 쓰진 않았으나) "선생님의 말을 '괜찮아.'로 들었구나. 고맙네."

만약 교사가 학생이 하는 행동을 그만두게 하려고 만들고 있는 필통을 갖고 오라고 하거나 뺏으면 학생은 자기방어적인 행동과 말을 하거나 화를 낼 것이다.

○ 사례 7(자리 정리 정돈을 하지 않는 학생을 볼 때)

수업을 마치고 나면 책상 위, 아래로 자기 자리를 정리하고 학생들은 집으로 간다.

"선생님, 화장실 가요?"

"선생님, 방과 후 교실 갔다 올게요."

"선생님, 물 마시고 올게요."

"선생님, 보건실 갈게요."라는 말을 하며 A는 교실만 들락거린다.

보통의 학생들은 이런 경우 "선생님. A는 아무것도 안 하고 놀아요."라는 말을 하는데, A에 대해서는 학생들이 아무 말도 하지 않는다. 밖으로 나간 A가 교실로 들어온다.

(조용하고 낮은 목소리로) "C는 자리 청소를 하고 짝은 하지 않고 있을 때, C의 마음을 들어 볼게요."

(칠판에 부착된 감정 카드를 보며) "'마음이 아픈', '서운한'입니다. 힘이 듭니다."

"C의 말을 들으니 선생님도 마음이 아파요."

"마음이 아프고 서운하고 힘든데 선생님한테 왜 말하지 않았니?"

(A의 눈치를 살피며 귓속말로 들려준다) "A가 화를 낼까 봐요."

'학생들이 A를 무서워하고 있구나.'

(C를 보며 작은 소리로) "공평과 배려가 필요하니? 이 둘 중에 더 중요한 것을 찾아볼까요?"

"공평입니다."

"공평하게 되면 어떤 느낌이 있나요?"

(카드를 뽑아 오며) "편안해요."

"친구들은 자기 자리 정리정돈을 하고 집으로 가는데, A는 하지 않고 집으로 가는 것을 보면 불공평하다는 생각이 드니?"

"예."

A를 보며 C의 마음을 전한다.

"(관찰) A가 자리 정리정돈을 하지 않고 집으로 가는 것을 볼 때
(욕구) C는 불공평하다는 생각이 들어.
(느낌) 마음이 아프고 서운하고 힘들다고 하는구나.
(부탁) A가 자리 정리 정돈을 하고 가면 공평하고 마음이 편안할 것 같다고 하는구나.
이 말을 들으니 넌 어떤 생각이 드니?"

우리 반은 다음과 같이 약속했다.
자리 정리 정돈을 하고 집으로 간다(친구들 욕구: 공평).

이 약속은 교실 내 친구들 사이에서 쉽게 자기표현을 하지 못하는 학생들의 마음을 편안하게 하고, 물리적인 힘이 센 학생은 친구들의 마음을 이해하는 계기가 된다. A는 같은 행동을 반복하지 않는다.

○ 사례 8(화가 나면 급식을 먹지 않는 학생을 볼 때)
(자연스럽고 작은 목소리로) "혼자 교실에 있다가 교실 물건이 없어지면 의심을 받을 수도 있어요. 선생님은 H의 몸과 마음이 안전하기를 바라요. (부탁하기) 급식을 먹지 않아도 급식실에 가서 앉아 있어 줄래요?"
(다른 학생들은 모두 급식실로 가는데, 말도 하지 않고 급식실에 오지 않는 학생을 보고) "밥을 먹지 않으면 배가 고플 거야. 배가 고프면 짜증이 나기도 해. 괜찮겠니?"
계속 급식을 먹지 않을 땐 부모님께 이 사실을 알릴 거라고 말한다. 학생을 옆에 두고 전화를 한다. 이때는 학생을 비난하거나 판단하는 말

을 하지 않는다.

○ 사례 9(물건을 가지고 와 좋아하는 친구한테만 줄 때)

뒤에 앉아 있던 J가 42색 색연필을 갖고 와 주변 학생들에게 "내가 좋아하는 친구한테만 쓰게 할 거야."라고 말한다. (옆에 있는 짝이 듣고 살짝 전한다) 평소에 그리기를 좋아하는 K와 L이 색연필을 보고 있으니 J가 말한다.

"K, 너만 써."

옆에 있던 L이 "나도 쓰면 안 돼?"라고 물어보자, J는 "안 돼."라고 말한다.

L이 울면서 앞으로 나온다.

(손으로 눈물을 닦으며) "선생님. K는 쓰라고 하면서 나는 안 된다고 해요."

"서운하구나."

J를 부르니 L을 보면서 말한다.

(아주 큰 소리로) "내 것을 내 마음대로 하는데, 왜?"

"J는 잘못하지 않았어요. L이 많이 서운한 거예요."

이 말을 듣고 한 번 더 고함을 지른다. 고함지르는 소리가 갈수록 작아진다.

"내 걸 내 마음대로 하는데 왜 울어."

"서운해서 울어요. K만 쓰라고 해서 섭섭하고 서운하고 그래서 마음이 슬픈 거예요."

이 말을 들은 다른 학생들이 "나도 쓰고 싶은데 서운해요."라고들 하면서 손을 든다.

"친구들이 다 쓰고 싶어 하는구나. 네 생각을 말해 줄래?"

(밝은 표정을 하면서) "'내 색연필이 좋구나!' 하는 생각이 들어요."

"J는 '내 색연필이 좋구나!'라고 생각하니 기분이 좋은 것 같아요. 그런데 친구들도 좋은 물건을 쓰고 싶어 해요. 한 명의 친구만 쓰게 하니 나머지 친구들이 서운한 것 같아요. J가 물건을 가지고 와 좋아하는 친구한테만 쓰게 하니까, 친구들 마음이 서운하고 슬프다고 하는구나. 선생님은 우리 반 친구들 마음이 행복하기를 바라요. 네 생각을 말해 줄래?"

"사물함에 넣어 둘게요."

○ 사례 10

학급 학생이 선생님께 부탁한다.

"선생님. 강당에서 체육 수업을 하고 교실로 오는데 형(고학년 남학생 두 명)들이 천으로 된 필통을 던지고 받다가 필통이 내 목에 떨어져 놀랐어요. 많이 아프진 않았지만, 형들이 '쏘리.'라고만 하고 갔어요. 그 말이 놀리는 것 같고 진심이 아닌 것 같았어요. 또 필통을 던질까 봐 겁이 나서 후다닥 교실로 왔어요. '쏘리.'라고만 하니까 싫어요."

담임 선생님의 옆에 딱 붙어 말을 한다. 이 학생의 말 뒤에는 '선생님. 제 말을 듣고 어떠세요?'라는 말이 생략된 듯하다.

(학생 마음 알아주기) "진심 어린 사과를 받고 싶구나."

"예, 장난처럼 그렇게 하니까 마음이 안 좋아요."

"화가 나기도 하고 속상하구나. 선생님이 형들을 불러 직접 진심 어린 사과를 받는 대화 모임을 할까요?"

(행동 부탁) "선생님이 옆에서 도와주세요."

저학년 학생들이 선생님께 부탁할 때는 다급한 마음이 일어날 때다. 학생들은 발을 동동 구르거나 선생님 옆에 딱 붙어 도움을 청한다. (한

편으로, 고학년과 저학년의 키와 몸 크기가 상당히 차이가 나는 학생들이 있다. 이럴 땐 저학년 학생들이 겁을 먹고 뛰어온다. 그리고 선생님을 찾는다) 교사가 학생들의 전체적인 분위기와 학생 개개인의 감정선을 관찰하는 민감성과 통찰력을 가지는 것은 학생들의 학교생활을 돕는 데 도움이 된다.

말하는 사람의 느낌과 욕구를 말하지 않고 부탁만 할 경우 명령처럼 들릴 수 있다.

행동을 멈추게 하는 부탁보다 행동할 수 있는 부탁을 하는 것이 긍정적인 행동을 하게 한다.

행동 부탁을 할 때는 실천 가능성, 행동 언어, 현재 시제, 강요가 아닌 부탁, 상호 충족의 요소를 고려한다.

NVC의 두 가지 측면

내가 이야기할 때나 상대방의 이야기를 들을 때 앞에서 거론된 NVC 모델의 네 가지 요소를 이용하여 말하거나 듣는다.

1) 네 가지 요소로 솔직하게 말하기
2) 네 가지 요소로 공감하며 듣기

-『비폭력 대화』中

네 가지 요소로 솔직하게 말하기 1

- 관찰: 강당 체육 수업을 마치고 교실로 걸어가고 있었다. 형 두 명이 복도에서 필통 던지기를 하다가 필통을 내 목덜미에 맞았을 때
- 느낌: 깜짝 놀라고, 당황스러워. 또 맞을까 봐 무서워.
- 욕구: 급히 계단을 내려왔어. 나는 안전하게 교실로 가고 싶었기 때문이야.
- 행동 부탁: 형들이 복도에서 필통 던지기 놀이를 하지 말고 걸어 다니면 좋겠어.

네 가지 요소로 솔직하게 말하기 2

- 관찰: 형이 내 뒤에서 "쏘리."라고 말하면서 뛰어갈 때
- 느낌: 불쾌하고 불편한 마음이야.

- 욕구: 놀리듯 장난하는 목소리로 했기 때문이다. 나는 형들이 진짜 사과를 하기를 바라.
- 행동 부탁: 형들이 지금 나에게 사과를 해 주면 좋겠어.

네 가지 요소로 공감하며 듣기 1

- 관찰: 내가 복도에서 필통 던지기를 하다가 내 필통이 네 목덜미에 맞을 때
- 느낌: 너는 깜짝 놀라고, 당황스럽구나.
- 욕구: 또 맞을까 봐 무서워 급히 계단을 내려갔구나.
- 행동 부탁: 너는 내가 복도에서 필통 던지기 놀이를 하지 말고 걸어 다니기를 원해?

네 가지 요소로 공감하며 듣기 2

- 관찰: 내가 네 목덜미를 필통으로 맞히고 "쏘리."라고 말하면서 뛰어갈 때
- 느낌: 너는 마음이 불쾌하고 불편하겠구나.
- 욕구: 왜냐하면 놀리듯 장난하는 목소리로 말했기 때문에.
- 행동 부탁: 지금 너는 내가 진짜로 사과하기를 원해?

네 가지 요소로 공감하며 듣기 3

- 관찰: 형이 농구공으로 네 머리를 맞출 때
- 느낌: 너는 놀라고 당황하고 머리가 흔들릴 정도로 아프구나.
- 욕구: 왜냐하면 네가 예측하지 못한 일이 일어났기 때문이구나.

- 행동 부탁: 너는 내가 공으로 맞추지 말고 말로 하기를 바라니?

상대 공감 활동을 한 6학년 학생이 동생이 먼저 맞췄다고 한다. 사과를 받은 H는 상대 공감 활동을 할 수 있다고 한다.

네 가지 요소로 공감하며 듣기 4

- 관찰: 형이 공을 정리한다고 달라고 할 때 내가 형의 다리를 맞춰서
- 느낌: 형은 짜증이 났구나.
- 욕구: 왜냐하면 배려가 필요하기 때문이구나.
- 행동 부탁: 형은 내가 같이 공을 정리해 주기를 원해?

영향을 준 학생들은 이 활동을 아주 낯설어한다. "대화 모임 하기 싫다."라고도 말을 한다. 그때는 자기 행동이 뭔가 잘못되었다는 것을 인지할 때다. 3번 정도 하기를 권한다. 듣는 학생도 3번 정도 해야 본래의 마음으로 돌아간다. 이 활동은 상대방의 힘에 눌려 그 상황을 회피하거나 물러나는 행동을 하는 학생들에게 말할 용기를 준다. 반면 자기표현이 강하고 거친 행동을 하는 학생들에게는 친구들에게도 느낌과 욕구가 있다는 것을 서서히 알게 해 주는 경험을 갖게 해 준다.

NVC 공감 대화 후 교사는 두 학생에게 더 할 말이 있는지 물어본다.

제 2 장

NVC 두 모델을 활용한
갈등 해결 사례

NVC(비폭력 대화) 모델

비난하거나 비판하지 않으면서 나 자신을 솔직하게 표현할 때	상대방의 말을 비난이나, 비판이 아니라 공감적으로 들을 때
관찰	
내 느낌을 일으키는 상황을 있는 그대로 관찰하기 "내가 ~을(보거나, 듣거나) 했을 때" 내 느낌을 일으키는 상황을 있는 그대로 관찰하기 "내가 ~을(보거나, 듣거나) 했을 때"	상대의 느낌을 일으키는 상황을 있는 그대로 관찰하기 "당신이 ~을(보거나, 듣거나) 했을 때" (생략할 수 있음)
느낌	
관찰에 대한 내 느낌 "나는 ~게 느낀다."	관찰에 대한 상대의 느낌 "당신은 ~게 느끼십니까?"
욕구/필요	
내 느낌 뒤에 있는 욕구/필요 "나는 ~이 필요(원, 중요)하기 때문에…"	상대의 느낌 뒤에 있는 욕구/필요 "당신은 ~이 필요(원, 중요)하기 때문에…"
부탁/요청	
내가 부탁/요청하는 구체적인 행동 - 연결 부탁 : "내가 이렇게 말할 때 너는 어떻게 느끼니/생각하니?" - 행동 부탁 : "~게 해 주시겠어요?"	상대가 부탁/요청하는 구체적인 행동 "당신은 내가 ~하기를 바라십니까?"

- 『인간관계와 의사소통을 위한 비폭력 대화 NVC』 中

NVC 대화에서의 공감

공감이란 다른 사람이 경험하는 것을 존중하는 마음으로 이해하는 것이다.

우리는 공감을 하기보다는 충고하거나 안심시키려 하고 자기 자신의 입장이나 느낌을 설명하려 하는 경우가 많다. 그러나 공감은 자신의 마음을 비우고 존재로 다른 사람에게 귀 기울이는 것이다.

- 마셜

공감을 하는 데 있어서 가장 중요한 요소는 나의 의견이나 선입견을 내려놓고 존재로 들어주려는 의도이다. 그 의도는 상대와 그의 말을 통해 흘러나오는 삶의 에너지와 연결하려는 것이다. 그것은 상대의 말 뒤에 있는 느낌과 욕구와 연결함으로써 가능하며, 그 에너지에는 치유의 힘이 있다.

상대가 무슨 말로 자신을 표현하든 공감하는 사람은 상대가 하는 말에서 그 사람이 무엇에 반응하고 있는지(관찰), 그 상황에서 무엇을 느끼고 있는지(느낌), 무엇을 진정으로 원하는지(욕구), 그리고 무슨 부탁을 하고 있는지(부탁)에 관심의 초점을 맞춘다. 이때 상대방 안에서 생동하는 것을 추측하면서 물어본다. 그것은 그 사람만이 자신의 느낌과 욕구를 확실하게 알기 때문이다.

우리의 추측이 정확하지 않다고 해도 그 사람의 느낌과 욕구에 연결하는 것이 우리의 의도임이 전해지면서 상대는 자신의 느낌과 욕구를 더 깊이 찾아가는 데 도움이 된다.

상대가 자신의 고통의 책임이 우리에게 있다고 말할 때, 그것은 나에 대한 이야기가 아니라 단지 그 사람이 자신의 아픔(충족되지 않는 욕구)을 자기가 아는 방법으로 표현하고 있는 것뿐이라는 것을 기억하는 것이 중요하다. 공감한다는 것은 상대의 말이나 행동, 생각에 동의하거나 수용한다는 뜻은 아니다.

공감으로 들어줄 때는 해결 방법을 찾기 전에 상대방이 자신을 충분히 표현하고 이해받았다고 느낄 수 있도록 시간을 넉넉히 갖는 것이 중요하다. 상대가 충분히 공감을 받았을 때는 대개 안도의 한숨을 쉬거나 몸에서 긴장이 풀리는 것을 우리도 느낄 수 있다.

확실히 하기 위해서는 더 하고 싶은 말이 있느냐고 물어본다.

-『인간관계와 의사소통을 위한 비폭력 대화 NVC』中

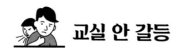 **교실 안 갈등**

넌 쓰레기야

점심시간이 끝나고 수업이 시작된다는 예비종이 울리니 학생들이 교실로 올라온다. 갑자기 A가 일어나 B의 등을 때린다.

B는 평소에 말수가 적고 수줍음이 있는 얌전한 학생이다. A가 두 주먹을 쥐고 큰 소리로 "B가 저에게 '넌 쓰레기야.'라고 하잖아요."라고 말하는 것이었다.

"무슨 일이 있었니?"

(씩씩거리며) "난 아무 짓도 안 했다고요. B가 갑자기 뒤를 돌아보더니 '넌 이 지구에서 없어져야 할 쓰레기야.'라고 하잖아요."

"A의 말만 들으면 B가 잘못한 것 같구나. B가 그런 말을 할 때 어떤 생각이 나서 그랬는지 듣고 싶은데, 말해 줄 수 있니?"

B는 감정이 북받쳐 눈물을 많이 흘린다.

"B의 말을 들어 보아야 대화로 이 문제를 이해할 수 있단다."

(침묵)

"5교시 수업 마치고 대화 모임을 하도록 하자."

수업 중 B는 계속 눈물을 흘린다. 수업이 끝나고 다시 A와 B를 불렀다.

"B야. 네가 계속 말을 하지 않으면 너는 가만히 있는 A에게 '넌 이 지구에서 없어져야 할 쓰레기야.'라고 말한 친구가 되는 거야. 억울하지 않겠니? 평소에 넌 그런 말을 쓰는 학생이 아니어서 선생님이 당황스럽기도 하고 궁금해."

B는 다시 눈물을 쏟았다.

"A가 이 말이 자꾸 생각나고 억울해서 널 계속 괴롭힐지도 모르지 않니? 복도를 가다가 툭툭 치고 간다거나 계단을 내려가면서도 툭툭 칠 수도 있고. 걱정되네."

B는 어깨를 들썩이며 한참을 울다가 말문을 연다.

"A가 3월부터 친구들에게 계속 물을 달라고 하는 소리를 들었어요. A는 한 번도 물을 가지고 오지 않고 물을 뺏어 먹었어요. 가끔은 나도 물을 뺏겼어요. A가 싸움을 잘해서 무서워 몇 번 주었어요.

오늘은 2학기 첫날인데, 더워서 물을 먹으려고 하는데 또 뒤에서 큰 소리로 물 좀 달라고 하잖아요."

"그랬구나. 물 좀 달라고 하는 말을 듣고 화가 나고 짜증이 나서 A에게 '넌 이 지구에서 없어져야 할 쓰레기야.'라고 했네. 어떤 말이 진짜로 하고 싶었니?"

B는 계속 눈물만 흘리고 말을 하지 못한다.

(학생 마음 추측하여 읽어 주기) "'네 물은 네가 갖고 와. 내가 마실 물도 모자란다고!' 이 말이 하고 싶었는데 '넌 이 지구에서 없어져야 할 쓰레기야.'라고 말을 했니?"

B는 교사를 보며 고개를 *끄덕끄덕*한다.

교실에서 듣고 있던 학생들이 남학생 A가 자기 물은 가지고 오지 않고 남의 물을 종종 뺏어 먹는다고 한다.

남학생 A에게도 말할 기회를 주었다. 사실과 다른 내용이 있으면 말하라고 하니 없다고 한다.

이야기를 다 나눈 후 선생님의 지도에 따라 NVC 모델로 자기표현을 먼저 한 후에 친구의 마음을 알아주는 공감 대화를 하도록 한다. 학생들이 어색해하면 익숙할 때까지 교사가 들려주어도 된다.

　"(관찰) 네가 물 달라고 할 때
　(느낌) '또 물 달라고 하네. 네 물은 네가 갖고 와야지. 우리도 마실 물이 없다고' 하는 생각 때문에 너무 화가 나고 짜증이 나 '넌 이 지구에서 없어져야 할 쓰레기야.'라고 했어.
　(욕구) 나도 놀다가 올라오면 목이 말라. 친구에게 주면 내가 마실 물이 충분하지 않아. 충분하게 물을 마시고 싶어.
　(부탁) 네가 마실 물은 네가 갖고 와."

　"(상대 관찰) 내가 너의 물을 달라고 할 때
　(상대 느낌) 너는 또 물 달라고 하네. 네 물은 네가 갖고 와야지. 우리도 먹을 물이 없다는 생각 때문에 너무 화가 나고 짜증이 나 '넌 이 지구에서 없어져야 할 쓰레기야.'라고 했구나.
　(상대 욕구) 너도 놀다가 올라오면 목이 말라 충분하게 물이 먹고 싶기 때문에
　(상대 부탁) 너는 내가 먹을 물을 갖고 오기를 바라니?"

　3번 반복한다.

　"선생님이 궁금해서 그러는데, A가 물을 달라고 할 때 다른 친구들이 '싫다.'고 하지 않고 준 이유가 궁금해요. A가 신경 쓰이면 6교시 수업 후 선생님께 살짝 말해 주세요."
　수업 후 학생들이 말한다.
　"안 주면 때릴 것 같아서요."
　"때릴까 봐 무섭구나."

"예."

"더 할 말은 없니?"

이 활동 후 A는 자기가 먹을 물을 다음날부터 갖고 왔다.

○ NVC 대화로 회복된 생활 교육 요소
① 영향을 받은 학생의 회복: 남학생 B는 평소에 자기표현을 하지 않는 학생이다. 학급 담임은 학생의 성격과 성품을 알고 있어서 말할 기회를 주려고 무척 노력했다. 느낌을 말로 표현하여 학생의 마음을 열게 하려고 했다. 자기의 생각을 다 말하고, 남학생 A가 자신의 행동을 인정하고 학급의 학생들도 사실을 같이 인정해 주어 마음이 놓이고 정서적 안정을 되찾았다.
② 자발적 책임 회복: A는 친구들이 "네 물은 네가 갖고 와. 내가 마실 물도 모자란다고."라고 하는 말을 듣고 자기 행동을 되돌아본다. A는 다음날부터 자기가 마실 물을 가지고 오는 행동 변화를 보인다.
③ 관계 회복: 남학생 B의 마음을 이해하고 다시 관계가 회복된다.
④ 공동체 회복: 학생들은 친구에게 물을 달라고 할 땐 조심하는 행동을 보인다.

똑똑하네

비 오는 날 점심시간, 저학년 교실 안에서 학생들이 보드게임을 하고 있다.

여학생 세 명이 다투기 시작한다. 친구들에게 다정한 언니처럼 행동하는 C가 어리둥절한 표정을 짓는다.

"무슨 일이니?"

(작은 소리로) "모르겠어요."

(어리둥절한 표정으로) "모르겠어요."

"친구의 어떤 말과 행동에 화가 났니?"

(침묵)

"친구들이 이유를 알 수 없다고 하는데 말해 줄 수 있겠니?"

(침묵)

"친구의 말에 화가 났니? 아니면 행동에 화가 났니? 생각해 보세요."

"C가 B보고 '똑똑하네.'라고 하잖아요."

"똑똑하다는 말을 듣고 화가 났니?"

"예."

"'똑똑하네.'는 듣기 좋은 말인 것 같은데."

B, C는 '그게 어때서?' 하는 표정으로 서로를 쳐다본다.

"'똑똑하네!'라는 말을 듣고 어떤 생각이 들었니?"

"'똑똑하네.'는 시험 100점 받을 때나 공부 잘하면 하는 말이잖아요? 학생 B가 게임에 이겼다고 해서 '똑똑하네.'라고 하다니, 그건 아니잖아요?"

"'너 보드게임 잘하는구나.'라고 말하면 괜찮겠니?"

다들 '아!' 하는 표정을 짓는다.

학생들이 NVC 대화가 익숙할 때까지 NVC 모델로 '솔직한 자기표현하기' 지도를 한다.

"A부터 자기 마음을 말해 보세요."

"(관찰) 네가 B 보고 똑똑하다고 할 때

(느낌) '똑똑하다는 말은 시험 100점 받는 친구들에게 하는 말인데'라는 생각 때문에 화가 나고 짜증이 나.

(욕구) 사실이 중요하기 때문에

(부탁) '넌 이 게임 잘하네.'라고 말해 줘. 내 말을 들은 네 생각은 어떠니?"

"C가 자기 마음을 표현해 보세요."

"(관찰) 내가 B 보고 똑똑하다고 말하는데

(느낌) 네가 화를 내서 놀라고 당황스러워.

(욕구) 나는 B가 게임에 이겨서 축하해 주려고

(부탁) 똑똑하다고 한 것을 알아주길 바라. 내 말 듣고 네 생각을 말해 줘."

아이들에게 지속해서 NVC 모델로 대화 지도만 했는데 A가 "똑똑하네."가 관찰이 아니고 판단의 말임을 직관적으로 알아차렸다는 생각에 미소가 나왔다. 학생 생활 교육뿐만 아니라 모든 대화에서 대화 내용에 쓰이는 언어를 관찰하는 것은 중요하다.

넌 할 수 있어

교실에서 A가 눈물을 글썽이며 "선생님. B가 내가 아무 짓도 안 했는데 '넌 할 수 있어.'라고 해요."라며 나에게 말한다.

"어떤 생각이 들었니?"
"내가 잘못하지도 않았고, 못하지도 않았는데, 넌 할 수 있다고 했어요."
"듣기 좋은 말이기도 한데. 왜 그런 생각이 났니?"
"못하는 아이들한테 잘하라고 하는 말이잖아요. 난 공부도 열심히 잘하고 있는데 그러잖아요."
"못하는 친구들한테 하는 말이라고 생각했구나."
"한 번 할 때는 괜찮았는데 여러 번 하니 놀리는 것 같아요."
"여러 번 하니 놀린다는 생각이 들었구나. 놀린다는 생각, '내가 못한다는 거네?'라는 생각이 들면서 슬픈 마음이 들고 억울해서 화가 났구나."
"나는 B랑 친하다고 생각하는데."
"B랑 친해서 놀리지 않을 거라고 생각했는데 놀려서 많이 서운하구나."
"B랑 이야기를 나누어 볼까요?"
(울면서) "선생님이 전해 주세요."

B에게 전할 때는 NVC 모델로 전한다.

"(관찰) 교실에서 B가 '넌 할 수 있어.'라고 A에게 3번 말할 때
(느낌) A는 놀린다는 생각 때문에 슬프고 억울하다고 해요.

A는 너와 친하다고 생각하는데 놀려서 화가 나기도 하고 서운하기도 하대요."

"넌 잘할 수 있어."라는 말은 말하는 사람의 판단이 들어간 말이다. 듣기 좋은 말도 반복하면 상대는 놀린다는 생각이 든다.

'나 보고 공부 못한다고 놀리네.'라는 생각이 이 학생을 울게 한다.

너 못생겼다

여학생 A가 "선생님. 책 가지러 가는데 남학생 B가 '너 못생겼다.'라고 말해요." 하면서 눈물을 흘린다.

남학생 B는 "'미안해.'라고 했는데요." 하면서 여학생 B를 째려본다.

"선생님과 하는 대화로 해 볼게요. 지금 느낌을 찾아 주세요. 찾은 느낌 카드로 솔직한 자기표현을 해 볼게요."

"(관찰) B가 '너 못생겼다.'라는 말을 나에게 할 때
(느낌) 나는 서운하고 화가 나고 슬픈 마음이야.
(욕구) 왜냐하면 나는 친구가 나를 좋게 말해주기를 바라기 때문이야.
(부탁) 나에 관해 이야기할 땐 듣기 좋은 말을 해 줘."

3번 반복한다.

"남학생 B가 여학생의 마음에 공감하는 거에요."

"(상대 관찰) 너는 내가 '너 못생겼다.'라는 말을 할 때.
(상대 느낌) 너는 서운하고 화가 나고 슬픈 마음이구나.
(상대 욕구) 왜냐하면 친구가 너를 좋게 말해주기를 바라기 때문이구나.
(상대 부탁) 너는 내가 듣기 좋은 말을 하기를 바라니?"
3번 반복한다.

이처럼 느낌과 욕구 찾기는 교사의 도움이 필요하다.

"미안해."라는 한 마디가 화가 난 학생의 마음을 풀어 줄 수 있을까?

이 말을 들은 대부분의 학생은 여전히 마음이 불편하다고 한다.

욕구가 충족되지 않은 느낌이 강한 감정은 반복하여 상대 공감을 한다.

"미안해."라고 말하는 의미 속에 어떤 느낌이 있는지 찾아보도록 한다.

학생들과 NVC 대화 모델은 '미안해' 속의 느낌과 욕구를 찾아가는 데 도움이 된다. 또한 상대의 느낌과 욕구를 찾아가는 데도 도움이 된다.

매뉴얼대로 하므로 어떻게 말해야 할지에 관한 어려움이 없다. 매뉴얼대로 반복하다 보면 학생들 스스로 할 수 있게 된다.

'키가 작다', '못생겼다', '잘생겼다', '예쁘다', '착하다', '공부 잘하네', '똑똑하네', '친하니까' 등은 지극히 주관적인 자신의 판단이다. '못생겼다'는 B의 개인적인 생각임을 전한다. 이 활동 후 B는 "못생겼다."라는 말을 하지 않는다.

넌 공부 못하잖아

"선생님. B가 '넌 공부 못하잖아.'라고 해요."

"넌 뭐라고 했니?"

"혼자 말했어요. '나는 자전거를 잘 타!'라고 했어요. 혼자 말했어요."

"혼자 하는 말이면 들리지 않게 해야 하는데 B는 들었나 보구나. B의 이야기도 들어 보자."

"H가 뒤에서 '나는 자전거를 잘 타.'라고 할 때 어떤 생각이 들었니?"

"놀리는 것 같았어요."

"B는 자전거 타는 게 서툴구나."

"예."

"그래서 '넌 못 타.'라고 들렸구나. 목소리 크기는 어땠니?"

"주변에 들리는 정도예요."

"B는 뭐라고 했니?"

"근데 너는 공부가 약하잖아."

"공부를 못한다는 뜻으로 H는 들었네."

"넌 공부를 못한다는 뜻으로 이야기했어요."

(바꾸어 말해 주기) "'넌 공부를 못하잖아.'라고 말하려니 조금 심한 것 같아 H를 배려해서 '넌 공부가 약하잖아.'라고 했다는 뜻으로 들려요. 어떠니?"

"예. 못한다고 말하려니 불편하고 심한 것 같아서요."

H가 말한다.

"놀리는 것 같았어요."

"두 사람 다 놀리는 것처럼 들었구나. 두 사람 다 놀리는 것처럼 들리니 화가 나고 짜증이 났구나. B의 이야기를 듣고 H의 지금 마음은 어떠니?"

"후회됩니다. 조금 어리둥절합니다. 둘 다 잘못했지만 조금 더 잘못한 게 나인 것 같습니다."

"조금 더 H가 잘못했다고 인정하는 말을 하는데 B의 지금 마음을 말해 주세요."

"마음이 편안해져요."

"H가 이 대화에서 배운 것이 있나요?"

"예전처럼 변명하지 않는 것입니다."

"더 할 말이 있을까요?"

"예전처럼 변명하지 않는 것입니다."라는 말을 H에게 들으니 그동안 NVC를 한 나 자신에게 감사함이 올라온다. H는 NVC가 필요했던 학생이고, 나에게 많은 연습을 하게 한 학생이다. 1년 정도 하고 나니 순간적인 강한 감정을 가졌던 H의 변화를 본다.

따라 했어요

짝을 정하는 제비뽑기 시간이었다. J가 뽑은 쪽지를 보고 가만히 있어서 "짝은 학생 K이다."라고 했더니 A가 박수를 치고 "하하하하!" 하고 소리를 지르니 교실 안 학생들이 하나둘 같이 박수를 친다. 그 행동이 자신만만하고 호쾌하여 주변을 장악하는 힘이 느껴진다. 그러자 모든 아이가 학급 담임 선생님은 보지도 않고 그 힘에 끌려 손뼉을 치며 따라 웃는다.

초등학교 2학년 학생이 학급 담임 교사가 있는데도 불구하고 이런 모습을 연출할 것이라고는 예측해 보지 않았던 나는, 너무 놀랍기도 하고 당황하여 아주 잠깐 그 모습을 멍하니 보고 있었다. 전체 학생들의 표정이 신나 보이기도 한다.

J가 박수 치는 소리와 장면을 보고 발로 바닥을 쿵, 손으로 책상을 탕 치고 갖고 있던 물통을 A에게 던지려다가 선생님을 보고는 멈춘다. J의 붉어진 얼굴을 본다. 물통을 들고 J는 선생님을 계속 바라본다. 종으로 신호를 보내고 집중을 시킨 다음 말을 한다.

(바꾸어 말해 주기) "짝으로 K를 뽑았다고 할 때 모든 친구가 박수를 치고 하하하 크게 웃었어요. 박수 치고 웃은 것은 J와 K가 짝이 된 것을 진심으로 축하해 주기 위해서인가요?"

"선생님. 저는 박수 치지 않았어요."

"웃지 않았어요."

(아주 작은 소리로) "4명의 친구는 박수도 치지 않았고, 웃지도 않았구나. 나는 '축하'하는 뜻으로 박수치고 웃었다고 생각하면 손을 들어 보세요."

(계속 작은 소리로 고개를 끄덕이며) "아무도 손을 들지 않는구나. 무슨 뜻인지 말해줄 수 있을까?"

손뼉을 치지 않았다고 한 Y가 말한다. "친구들의 웃음과 박수 소리는 축하하는 뜻은 아닌 것 같아요."

"축하하는 뜻은 아니라고 하니 박수를 치고 웃은 친구들과 이야기를 나누고 싶은데 하고 싶은 말이 있나요?"

많은 학생이 말하기를 "A가 박수 치고 웃어서 따라 했어요."라고 한다.

"'나도 하고 싶었다.'라고 들려요. 하고 싶지 않았다면 안 했을 거예요. 따라 할 때 축하하는 마음이었나요? 축하하는 마음으로 한 친구 있나요?"

대부분의 학생이 "아닙니다."라고 답한다.

"아무도 손을 들지 않는 것을 보니 축하하는 마음과 반대의 마음인 것 같아요. 여러분은 지금부터 J의 마음을 찾아볼 거예요."

아이들이 찾은 J의 느낌 카드들은 다음과 같다.
- 놀란, 슬픈, 외로운, 섭섭한, 속상한, 돌아버릴 것 같은, 울화가 치미는.

"또 다른 느낌이 있을까요? J는 지금 마음을 말해 주세요."

J는 화가 나면 고함을 지르거나 물건을 집어 들고 던지려는 시늉을 하지만 말할 땐 힘이 없는 아주 작은 소리로 말한다.

"화가 나요."

(욕구가 부착된 작은 칠판을 보이며) "J에게 지금 필요한 것은 뭘까요?"

친구들이 찾은 J의 욕구 카드는 다음과 같다.
- 배려, 존중, 존재감, 우정, 정서적 안정.

"느낌과 바람(욕구) 낱말을 가지고 NVC 모델로 대화를 할 거예요. 박수를 치고 하하하 웃었다고 생각하는 친구들은 나와서 하기를 바라요."

"(상대 관찰) J가 짝으로 K를 뽑을 때 우리가 손뼉을 치고 큰 소리로 하하하 웃어서

(상대 느낌) J는 속상하고 불편하고 화가 나고 슬프고 서운하구나.

(상대 욕구) 너는 친구들의 배려, 존중, 우정이 필요하기 때문이구나.

(상대 부탁) 네 마음도 알아주고 배려해 주기를 바라니?"

이 상황을 그냥 지나친다면 J는 상심이 클 것이다.

'나는 손뼉을 치면서 하하하 웃었다'라고 생각하는 학생들은 나와서 J를 공감하는 활동을 한다. 두 개의 걸상을 마주 보게 놓고 J가 앉았다. J에게 이 활동은 큰 의미가 있었고, 이 활동 후 J는 두 개('감사한', '감동적인')의 카드를 뽑는다.

다른 학생들도 이 활동이 감동적이라고 한다. J는 자기표현이 느린 학생이다. J와 교사의 신뢰 관계가 한층 더 쌓이는 하루다. 이 활동 후 우리 반은 한 달에 한 번 제비뽑기를 통해 짝을 뽑는 활동을 계속하고, 누구와 짝이 되든 학생들은 손뼉을 치면서 웃거나 하는 행동을 하지 않는다. 다만 짝이 불편하게 하는 활동을 하면 조용히 앞으로 나와 작은 소리로 짝이 "수업 중에 소리를 내 방해가 돼요."라고 학생들이 알려 주면, 상황을 보고 자리 위치를 옮기거나 학부모와 상의를 한다.

교육 활동 성과 발표회(학예회)에서 우리 반 연주곡을 소개할 친구를 제비뽑기를 통해 뽑는 날이다.

"모두에게 기회를 주고 싶어요."

몇 명의 학생들이 말한다.

"하기 싫어도 해야 해요?"

이어서 몇 명의 학생들이 특별한 친구 이름을 부르며 덧붙인다.

"A, B, C가 당첨돼도 해요?"

"선생님이 할 것인지 물어보고, 하지 않는다고 하는 친구가 있으면 다시 제비뽑기할 거예요."

J가 뽑더니 "내가 걸렸네."라고 말한다.

"와, 좋겠다."

"나는 하기 싫은데."

물론 학년 초처럼 박수를 치면서 하하 호호 웃는 학생들은 없다.

"J가 안 하면 한 번 더 기회가 주어져요. 다 끝날 때까지 마음이 바뀌면 말하세요."

학급 연주곡을 소개할 친구들이 다 정해진 후 다시 한번 J에게 물었다.

"지금 서운하지 않니?"

"하지 않아도 당첨이 되어서 기분이 좋아요."

여기저기서 말한다.

"J야. 우리에게 기회를 한 번 더 줘. 고마워. 제비뽑기하는 게 너무 재미있고 신나. 우리를 즐겁게 해 줘서 고마워."

학급 경영을 하다 보면 학급 내에서 여러 가지 일들이 일어난다. 특별한 학생들이 다른 반보다 많은 반일수록 보이지 않는 불균형이 학생들 사이에서 일어나기도 한다. 학생들이 원하지 않더라도 모든 학생에게 기회를 주는 활동은 소중하다.

나중에 J의 어머니가 들려주신 이야기다.

"선생님. J가 B의 전화를 받고 너무 흥분하고 좋아하는 거예요. '엄마, B가 토요일에 같이 만나서 놀자고 해.'라고 하며 너무 기뻐 폴짝폴짝 뛰는 거예요. 친구가 전화한 것은 처음이에요. 그런데 토요일 아침, B가 '월요일에 학교에서 만나.'라고 다시 전화해서 J가 너무 실망하는 거예요."

"담임 선생님인 저도 마음이 짠하고 안쓰럽네요. 우리 반 친구들이 저에게 '선생님. J가 화를 낼까 봐 조마조마해서 같이 못 놀아요. 화를 내지 않으면 같이 놀 수 있어요. J가 화를 내지 않으면 착해요.'라고 들려주어요."

○ NVC 대화로 회복된 생활 교육 요소

① 영향을 받은 학생의 회복: 친구들 모두가 큰 소리로 웃을 때는 비웃는 것 같았고 놀리는 것 같아서 화가 났는데 그런 내 마음을 이해하고 공감해 주어 마음이 풀린다. 친구들이 인정해 주어 고맙고, 선생님께서 대화 모임을 해 줘서 감사하다.

② 자발적 책임 회복: 영향을 준 학생들은 자기 행동의 책임을 깨닫고 J에게 친절하게 대한다.

③ 관계 회복: 상대 공감 문장을 읽기만 하여도 몸과 마음에서 상대의 마음을 느낀다.

④ 공동체 회복: 우리 반의 모든 학생이 한 아이에게 상처를 주었을 때 마음 전하기 시간을 갖는 것은 모두를 존중하는 활동임을 알게 모르게 느끼게 하는 활동으로 학급 내 모든 친구는 소중한 존재라는 것을 알게 한다. 이 활동 후 몇 명의 친구들이 J를 챙기면서 같이 놀기도 한다.

⑤ 정의 회복: 학급 친구들 모두는 공부를 잘하든 못하든, 행동이 나와 달라도 소중하다는 것을 아는 시간이 된다.

이 죽을 놈아

저학년 교실.

수줍음이 많은 다문화 학생인 D가 할 말이 있는 듯 나를 본다. 나와 눈을 맞춘다.

"선생님. N이 나보고 1학년 때 화장실에서 '이놈아. 이 죽을 놈아. 죽을 이놈아. 팔을 잘라 버릴 거야.'라고 했어요."

"무서웠겠다. 지금은 하지 않니?"

"2학년 때는 '이 죽을 놈아.'라고 했어요."

"안 했는데요."

옆에 있던 여학생이 큰 소리로 말한다. "나도 들었어. 이 죽을 놈아 하는 것 나도 들었어."

"D는 느낌 카드를 찾아오세요."

"'무서운', '괴로운', '힘든'입니다."

"네 마음을 N에게 전해 볼래요?"

"싫어요. 너무 무서워요."

"뭐가 무섭니? N하고 말하는 것이 무섭니, 아니면 '이 죽을 놈아.'라는 말이 무섭니?"

"두 개 다 무서워요."

"선생님이 D의 마음을 전할게요. 옆에서 들을래요?"

"아니요."

(마음 읽어 주기) "듣는 것도 무섭다는 말이니?"

D는 고개를 끄덕끄덕한다.

"알았어. 선생님이 D의 말을 들은 느낌을 전할게요."

"(관찰) N이 D한테 '팔을 잘라 버릴 거야. 이 죽을 놈아.'라는 말을 했다는 이야기를 들을 때

(느낌) 선생님은 무섭고 오싹하고 실망스러워.

(욕구) 선생님은 우리 반 학생들의 몸과 마음이 행복하고 안전하기를 바라.

(부탁) 친구들에게 고운 말을 써 주겠니?"

N은 늘 친구들의 몸을 툭툭 치면서 놀거나 교실 바닥에 누워 뒹굴면서 논다.

놀다가 친구가 자기 몸에 부딪히면 거친 말을 한다. 대화 모임에 참가해서 친구의 마음을 듣는 것을 힘들어한다. 자기감정을 표현하는 것도 싫어한다. 늘 "안 했는데요."라고 대답한다.

그러던 N이 6월쯤 되어 책을 읽고, 인물의 느낌, 욕구 찾기 활동을 하는데, 부끄러운 듯 자리에서 일어난다. 주변의 눈치를 살피더니 작은 목소리로 "정성이라는 말이 감동적입니다."라는 말을 한다. 내 귀와 얼굴이 환하게 밝아지면서 N의 정성이라는 낱말을 두 손으로 기꺼이 받는다. N은 이날부터 대화 모임에 참여하고 마음을 작은 소리로 말하기 시작한다.

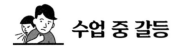
말하지 못했어요

학습에 필요한 준비물을 학교에서 다 마련하는데, 처음으로 모둠별로 협의를 통해 각자 다른 과자를 가지고 오기로 약속을 한다(1인 1봉지). 분류 수업을 마치고 다른 모둠은 활기차게 하하 호호 웃으면서 나누어 먹고 있다. 모둠원들과 나눠 먹는데 A가 속한 모둠은 긴장감이 돌기도 하고 분위기가 즐거워 보이지 않는다. 모둠의 학생들은 아무 말도 하지 않는다. 그래도 마지막 수업이라 자리 정리 정돈을 마친 후 밝은 목소리로 인사를 하고 집으로 간다.

A도 간다. 학생들을 귀가시킨 후 계속 A가 속한 학생들의 모습이 떠오른다.

'내일 학생들이 오면 대화 모임을 해 보아야겠다.'

다음 날, 학생들을 보며 물어보았다.

"어제 모둠 활동할 때 마음이 불편한 모둠이 있었니?"

(H가 나오더니) "A 때문에 불편했어요."

(A가 속한 모둠원들을 불러) "어제 모둠 학습 활동의 느낌을 알아볼 거예요. 너희 모둠 친구들 표정이 좋지 않아 선생님이 무슨 일인지 궁금하기도 해요. 작은 칠판에 붙은 낱말 카드를 보며 이야기를 해도 됩니다. 선생님은 모두의 말을 들을 거예요. 친구가 말을 하고 있을 때는 끼어들지 않습니다. 누구부터 할까요? H부터 해도 될까요? 느낌으로 말해

주세요."

"내가 과자를 사 오지 않아 슬펐어요."

"준비물을 깜박해서 슬펐구나."

"엄마가 두 개를 사 주시면서 '너 다 먹어라.'라고 말해서 슬펐어요. 저는 안 사 온 친구들에게 주고 싶었어요."

"엄마가 아무 말도 하지 않았는데 친구에게 한 봉지 주어 불안했어요. 집에 가는 길에 엄마를 만나 친구들과 나눠 먹었다고 하니 잘했다고 해서 기분이 좋았어요." 입가에 미소가 번진다.

A의 말도 충분히 들어 준다.

"어제 수학 시간에 하려고 과자 두 봉지를 사 놨는데 갖고 오지 않았어요."

(자연스러운 목소리와 작은 소리로) "그랬구나. 어제 보니 갖고 온 것 같은데."

"모르고 안 갖고 와서 엄마한테 전화했는데 엄마가 나보고 사라고 했어요. 내 용돈 2,000원으로 샀어요."

"그랬구나. 용돈으로 사서 친구랑 같이 먹기가 힘들었니?"

끄덕끄덕. 옆에 있던 다른 모둠원이 이야기를 이어간다.

"친구들이 함께 먹어서 기뻤어요."

"같이 먹어서 친구들이 고맙고 기뻤어요."

"친구들이 과자를 주어 고맙고 기뻤어요. 그런데 나한테 물어보지도 않고 A, B가 내 것을 먹어서 슬펐어요."

그러자 A가 눈을 부릅뜨고 쳐다보면서 소리를 높인다.

"내가 '먹어도 되나?' 하고 물었다 아니가? 네가 먹으라고 해서 먹었잖아."

A가 고함을 지르니 K는 얼굴이 붉어지고 눈에 눈물이 맺히면서 더

이상 말을 하지 않는다. 서클을 풀고 한 명씩 하고 싶은 말이 있으면 생각나는 대로 와서 말해 주기를 당부한다.

A를 제외한 모둠원들이 와서 이야기한다.

"A하고 B가 너무 빨리 내 과자를 갖고 가 먹어서 과자가 다 없어질까 봐 무섭고 두렵고 불안했어요."

"선생님. J가 밖으로 나가 우는 것을 보았어요."

J가 아주 작은 소리로 말한다.

"A의 과자를 먹고 싶어서요."

"A가 혼자서 먹고 다시 가져갈 때 슬펐어요. 욕심부리는 것 같았어요."

이 말들을 듣고 다시 모둠원과 서클을 만들어 대화를 시도한다.

"A는 선생님만 보세요. 선생님이 친구들의 마음을 전할게요."

그리고는 친구들이 한 말을 그대로 전한다.

그러자 A는 친구들을 보고 고함을 지르면서 말한다.

"물어봤잖아. 그냥 과자를 펼쳐 놓으면 다 먹는 거잖아."

A가 고함을 지르니 아이들이 움찔한다.

A에게 뒤돌아 앉아 달라고 부탁하고 이야기를 작은 소리로 한다.

"A는 모둠원 친구들에게 먹어도 되는지 물어보고 먹었다고 해요. 모둠 친구들은 A한테는 먹어도 되냐고 묻지 못한 이유가 뭘까요?"

"화낼 것 같아서 말하지 못했어요."

"A가 무서웠다는 뜻인가요?"

"무서웠어요. 화낼까 봐."

A를 바로 앉도록 하고 친구들의 마음을 전한다.

"소리를 조금 낮추고 말하면 무섭지 않을 것 같구나."

다시 서클을 만들어 대화 모임을 한다.

(A가 소리를 낮추며) "학교 마치고 걸어갈 때 갑자기 배가 고플 것 같아서 갖고 갔어요."

"이해는 되지만 A의 과자도 먹고 싶었어요. A가 다시 가지고 가서 슬펐어요."

"대화 모임 후 지금 마음을 이야기해 볼까요? 느낌 카드와 (욕구) 낱말을 갖고 오세요."

A는 '안심이 되는', '인정' 카드를 고른다.
- 인정: "친구들이 내 과자를 먹고 싶어 하는 것을 인정하게 되고, 내일 과자를 사 와서 친구들에게 주고 싶어요."
- 안심되는: "친구들이랑 뭔가 같이 먹어야 될 것 같고, 그래야 안심이 될 것 같다는 생각이 들어요."

"친구들의 마음을 이해했다는 말인 것 같아요. 사 오지 않아도 됩니다. 친구들의 마음을 아는 것이 중요해요."

그 뒤로도 아이들은 여러 가지 카드를 고른다.
- 배움, 행복한, 겸손: "엄마가 잘했다고 해서 행복하고 같이 먹으니까 겸손해요."
- 배려: "다음에도 이런 수업할 때 과자를 들고 와서 친구한테 주고 싶어요."
- 공평: "J도 갖고 와서 먹으면 공평해요. A도 다 먹으면 공평해요."
- 인정: "A의 마음을 안 것을 인정해요."
- 정직: "친구들의 마음을 안 것입니다."

과자를 가지고 오지 않은 J는 '용기 나는', '희망', 발전을 선택한다.
- 용기 나는: "친구들이 과자를 주어서."
- 희망: "울지 않고 화내지 않는 희망."
- 발전: "과자를 가지고 오겠습니다."

처음에는 모둠 학생들을 서클로 앉고 대화 규칙을 말하고 시작한다.
도중에 강한 감정이 올라오는 학생이 있다면 서클을 풀고 한 명씩 대화한다.
각각의 이야기를 다시 듣고 다시 서클을 만들어 이야기를 시도한다. 강한 감정을 보인 학생은 처음보다는 강한 감정을 보이지 않고, 친구들의 이야기를 듣기 시작한다.

교사들이 하는 강요, 강압, 보상, 당연시하는 말들보다 NVC 모델을 바탕으로 하는 서클 형태의 이야기하기는, 또래 친구들의 이야기를 들으면서 서로의 마음을 이해하고, 성장한다는 것을 느끼게 하는 시간이다. 학생들의 목소리를 통해 들어야 더 깊은 울림이 있다.

이야기 나누기 서클은 어떤 합의에 도달하려 하지 않고 말할 기회를 제공하는 것이다.

교사는 학생들의 이야기가 끊어지지 않도록, 연결되도록 아이들의 마음을 알아주면 충분하다.
학급 담임인 나는 학생들의 이야기를 들으면서 한 편의 동화책을 읽는 것 같았다. 마음 안에는 미소를 가득 품고 있었다.

'도X이, 미X 새X'라고 해요

A가 수업하다 손을 든다. 수업하다가 가까이 다가가 자세를 낮추니 작은 소리로 "선생님. B가 나에게 '도X이, 미X 새X'라 했어요."라고 말한다.

"계속 생각이 나서 공부하기가 힘들다는 뜻으로 들리네."

"예."

"지금은 수업 중이니 마치고 대화 모임 해도 될까?"

"예."

수업이 끝난 후, 대화 모임을 진행한다.

"지금 느낌을 찾아 주세요. 그 느낌을 보고 대화를 할 거예요."

"A가 NVC로 자기표현을 할 거예요. B는 잘 들어 주세요."

"(관찰) 네가 나에게 '도X이. 미X 새X'라는 말을 할 때

(느낌) 나는 '무섭고', '마음이 아프고', '실망하고', '힘들고', '속 타고', '열 받고', '신경 쓰이고', '궁금한'이야. 가장 큰 느낌은 '무서운'이야.

(욕구) 나는 내 마음이 편안하기를 바라기 때문에

(부탁) 네가 나에게 말할 때 고운 말을 써 주면 좋겠어. 내 말을 듣고 네 생각은 어떠니?"

학생이 여러 장의 느낌 카드를 들고 온다면 그 느낌을 다 읽어 주고(3 번), 어떤 느낌이 가장 크게 마음으로 들어오는지 물어본다.

"이번에는 B가 A의 마음을 알아주는 상대 공감 활동을 할 거예요."

"(상대 관찰) 너는 내가 '도X이, 미X 새X'라고 할 때

(상대 느낌) '무서운', '마음이 아픈', '실망한', '힘든', '속 타는', '열 받는', '신경 쓰이는', '궁금했'구나. 가장 무서운 느낌은 '무서운'이구나."

이 말을 할 때 학생 B는 눈물을 보인다.

"(상대 욕구) 너는 네 마음이 편안하기를 바라기 때문에
(상대 부탁) 너는 내가 말할 때 고운 말을 해 주기를 바라니?"

"B도 혹시 할 말이 있니? 할 말이 있구나. 들어 볼게요."

"(관찰) 내가 음악 학원에서 〈도라이〉라는 노래를 듣는데 갑자기 생각이 나서 말했어요.
(느낌)
- 놀란: A가 대화 모임 하자고 해서 놀랐어요
- 실망한: 나에게 실망했어요.
- 무서운: A가 말해 무서웠어요.
- 미안해요: A에게 미안해요."

학생들에게 갈등 상황이 발생하면 "사과했니?", "사과해."라는 말은 하지 않기를 바란다. NVC 매뉴얼대로만 하기를 바란다. 이 활동 후 B는 같은 말과 행동을 하지 않는다.

유괴범이 만지는 것 같았어요

J가 수업을 하는데 불쑥 "선생님. D가 내 등을 만지고 지나갔어요."라고 말하니 여기저기서 "내 목을 만지고 지나가요.", "내 등도 만지고 지나가요.", "내 엉덩이도 치고 가요.", "내 어깨에 손 올리고 가요.", "볼을 만지고 가요." 등의 이야기가 나온다.

반 전체 학생들과 관련이 있어 "'하지 마.'라고 강요하거나 부탁하는 대신에 D에게 친구들의 마음과 느낌을 들을 기회를 줘야겠네."라는 생각이 들었다.

"D가 내 몸을 만질 때 어떤 느낌이었는지 말해 볼까요?"

"D가 볼을 만질 때 조마조마합니다."

"D가 머리를 만질 때 불편합니다."

"D가 볼을 만질 때 괴롭습니다."

"D가 내 등을 만질 때 유괴범이 만지는 것 같았어요."

"D가 갑자기 뒤에서 내 바지를 벗기려 했을 때 창피하고, 깜짝 놀라고 열 받았어요."

대부분의 학생이 D가 지나가면 조마조마한 느낌을 받는다고 말한다.

아이들의 느낌을 듣고 NVC 모델로 친구들의 마음에 공감하는 활동을 한다.

"(관찰) 내가 친구들의 머리, 볼, 엉덩이, 특히 등을 만질 때 유괴범이 만지는 것 같아서

(느낌) 친구들은 깜짝 놀라고, 열 받고, 조마조마하고, 불편하고 괴롭구나.

(욕구) '자기 돌봄', '자기보호', '예측 가능한'이 필요하기 때문이구나. (교사 추측).

(부탁) 내 몸과 마음이 안전하기를 바라기 때문에 내 몸을 가만히 내버려 두면 좋겠어. 내 말을 듣고 네 생각을 말해 줘."

"D는 재미로 했을 수도 있어요. D는 재미있는데 친구들은 그렇지 않다고 해요. D는 지금 친구들의 마음을 알았고, 부탁도 들었으니 어떻게 행동할지 선택할 수 있을 것 같아요. 더 할 말이 있나요?"

NVC 대화 두 가지 측면으로 말하기 활동은 똑같은 행동을 하지 않도록 하는 힘이 있다. 이 활동 후 D뿐만 아니라 다른 학생들도 친구들의 몸을 만지지 않는다.

공을 못 던졌어요

사례 1

  체육 시간 공놀이 활동이 끝나고 아이들이 B가 화를 내며 때리려 한다고 한다. B를 보니 윗옷을 들고 휘두르고 있다.

  "선생님. B가 때려서 생식기가 아파요(나중에 대화해 보니 살짝 스쳤다고 함)."

  "선생님. B가 때려서 배가 아파요.

  "선생님. B가 때려 팔이 아파요."

  "선생님. 잠바로 얼굴을 때려요."

  B가 교실에 들어온다.

  "친구들에게 화가 난 이유를 말해야 선생님이 널 도울 수 있단다. 말은 하지 않고 친구들에게 옷을 휘두르고 있으면 친구들이 억울하지 않겠니?"

  "다른 친구들은 공을 많이 던졌어요. A는 자기만 많이 던졌어요. (두 주먹을 쥐고 무서운 표정을 하면서) 나는 공을 두 번밖에 던지지 못했다고요."

  "너는 공을 두 번밖에 던지지 못해서 화가 나구나. 너는 재미있고 싶어서 많이 던지고 싶은데 그렇지 못해서 화가 났구나."

  B는 고개를 끄덕이며 나를 쳐다본다.

  "다른 친구들은 어떤지 이야기를 해 볼게."

  "B는 두 번 밖에 공을 던지지 못해 화가 났다고 해요."

  이 말을 들은 아이들이 저마다 말을 한다.

  "나는 한 번도 못 던졌어요."

"나는 한 번 던졌어요."

"'나도 두 번 던졌어.'라는 친구 손을 드세요."

"6명은 두 번밖에 던지지 못했고 A는 10번 이상 던졌다고 하는구나. A의 말을 들어 볼게요."

"내가 받아서 공을 던진 거예요."

"(A 공감하기) 내가 받아서 던졌다는 말은 내 실력으로 던졌다는 말이고 공평하게 행동한 것이라고 친구들에게 전하고 싶은 건가요? 친구들이 A의 마음을 알기를 바라는 것 같아요.

"예."

"더 할 말이 있을까요?"

(합창하듯) "없어요."

"마음이 편안한가요?"

(합창하듯) "예."

"우리 반 모두는 피구를 할 때 공을 많이 던지고 싶어요. 그래야 재미있다고 해요."

○ NVC 대화로 회복된 생활 교육 요소
① 피해자(영향을 받은 학생들)의 회복: 영향을 준 친구에게 마음을 전할 기회를 얻어서 하고 싶은 말을 하여 더 이상 수업을 방해하는 행동을 하지 않았다.
② 자발적 책임 회복: 내가 한 행동이 사실이 아니고 내 생각이었다는 것을 이야기하는 과정에서 알게 되어 A가 한 행동에 대하여 친구들에게 사과했다. 이해가 되지 않는 행동이 있을 땐 화를 내기보다는 먼저 선생님께 마음을 말하기로 약속했다. 그 약속은 잘 지키고 있다.
③ 관계 회복: 피구 게임을 할 때 학급 전체 친구들의 재미의 욕구가 같다는 것을 알고 이해하고 배려하는 마음을 갖는다. 영향을 준 친구의 마음을 이해하고 B가 공을 던질 수 있도록 A는 양보하기도 했다.
④ 공동체 회복: 영향을 받은 학생이 친구들의 마음을 이해하게 됨으로써 수업

이 진행되었다. 이 활동 후 학생들은 굳이 교사가 친구들을 배려하면서 공평하게 하라고 하지 않아도 이야기하는 과정에서 모든 친구의 마음을 알게 되는 시간이 되어 배려하는 행동을 하게 되었다. 또한 수업 시간에 대한 집중과 학급 구성원에 대한 결속력도 보여 주었다.

B는 문제 상황을 이해하는 속도가 느려 이해를 돕도록 하는 데 많은 시간과 에너지가 필요하다. 학급 내 친구들이 좋아해 주기를 바라지만 친구들은 B를 두려워한다.

"나도 잘하고 싶은데."
짝이 이 말을 듣고 대답한다.
"우리에게 화내지 않으면 같이 놀 수 있어."

B는 학급 경영을 할 때 학급 담임이 특별히 관리해야 하는 학생이다. 작은 벌레들을 몹시 무서워하면서도 강한 감정이 올라오면 책걸상을 발로 차거나 실내화를 던지기도 한다. B의 강점은 자기표현을 할 때 정직하고 섬세하게 표현하는 것이다. B의 이야기를 들어 주는 활동은 B의 거친 행동을 서서히 멈추게 하고 학습 활동에 집중하게 하도록 하는 힘을 가지게 한다. B의 작은 변화는 학부모님의 관심과 사랑 그리고 학급 담임 교사와의 연결이 있었다.

사례 2

체육 시간에 피구를 하는데, C는 공을 받으면 친구들에게 공을 준다. 그러다가 갑자기 기분이 상한 듯 피구를 하지 않을 거라면서 장외로 나간다. 가까이 가서 "왜 그러니?"라고 물어보아도 가만히 있다. 어느 정도의 시간이 흐른 뒤 다시 물으니 "나는 친구들한테 공을 줬는데, 친구들은 나에게 공을 주지 않아요. 친구들은 나에게 공을 양보하지 않아요." 라고 한다.

"서운하구나."

고개를 끄덕거린다.

"친구들이 너에게 공을 달라고 했니?"

"아니요."

(지금 마음 읽어 주기) "공을 양보한 것은 친구들이 달라고 한 것도 아니고 C가 주고 싶어서 준 거구나. 친구들에게 좋은 일을 하고 싶었구나. 그런데 지금 마음은 친구 탓을 하고 있네. '너희들이 나에게 공을 주지 않아서 나는 공을 못 던지고 있어.'라고 서운해하고 있네."

C는 가만히 듣고 있다.

"공을 양보한 것은 C, 너 자신이 선택한 거란다. 지금 들어가서 다시 게임을 할 땐, 공을 친구에게 양보할 것인지는 자신이 선택하는 거예요. 친구에게 양보하고 서운한 마음이 생길 땐 양보하지 말아요."

C는 가끔 받는 공을 양보하지 않고 즐겁게 피구 게임을 한다.

내 마음도 찾아 줘요

C는 다리가 불편하다. C는 다리가 불편한 것을 부끄러워하지 않고 친구들과 달리기, 술래잡기, 친구를 돕는 활동, 짐 옮기기 등에 빠지지 않고 당당하게 참여하는 학생이다. 그런 C를 보면 대견스럽기만 하다. 국어 시간, C가 받아쓰기 학습지를 즐겁게 나누어 주고 있는데, A가 갑자기 발을 앞으로 내밀었고 다리가 불편한 C가 걸려서 넘어지려고 하는 것을 보았다.

(큰 소리로) "조심해!"

몸이 오싹해지면서 식은땀이 나는 듯했다.

(교사 자기 연결) (호흡을 조절하고) "나는 놀라며 '조심!'이라고 고함을 지르는구나."

A, C를 불러 지금의 마음을 찾으라고 했더니 C만 찾고 A는 찾지 않는다.

C가 찾은 느낌을 바탕으로 NVC 모델로 솔직히 자기표현을 하도록 지도한다.

"(관찰) A가 발을 걸어 내가 넘어질 때

(느낌) 나는 마음이 두 갈래다. 왜냐하면 '왜 발을 걸었지?' 하는 궁금한 마음과 억울한 마음 때문이다. A가 발을 걸어 넘어졌을 때를 생각하면 나는 서운하다.

(욕구) 나는 친구의 배려와 자기 보호, 자기 안전이 중요하기 때문이다.

(부탁) 내가 안전하게 교실을 다닐 수 있도록 바로 앉아 주기를 바라. 내 말을 듣고 넌 어떠니?"

A는 C의 얼굴을 보지 않고 몸을 비스듬히 돌려 앉아 침묵한다. A가 듣지 않아도 C의 마음을 세 번 정도 말하고 자리로 들어가게 하고, A에게는 이야기하고 싶을 때 하라고 부탁한다.

A는 이후 쉬는 시간에 오더니 "화가 나요. 내 마음도 찾아 줘요."라고 한다.

"선생님에게 A 마음도 알아 달라는 뜻으로 들려요. 그리고 하고 싶은 말도 있는 것 같구나."

A의 말을 듣는 순간 마음이 훅 내려가면서 입가에 미소가 번진다. 들을 마음과 귀가 열린다.

"A는 자기가 한 행동이 미안하기도 하고 너무 속상해서 화가 나기도 하니?"

"화가 나요. 내가 발을 내밀어도 C가 피해 가면 되잖아요?"

"A는 발을 내밀어도 C가 피하기를 바라는구나. A도 당황했고 C가 다치기를 바라지 않았다는 말로 들어도 되겠니?"

"예. 왜 우리들만 조심해야 해요. C도 조심히 다녀야죠. 점심시간에 술래잡기할 때면 '내가 술래할게.'라고 해요."

"A는 C가 불편하구나. 마음이 쓰이는구나. 걱정되는구나."

"넘어질까 봐 걱정돼요. 그리고 다리가 많이 아플까 봐 걱정돼요. 다칠까 봐 무섭기도 해요. 자꾸 술래한다고 하잖아요. 재미있게 친구들과 놀고 싶어요."

"편안하게 놀고 싶니?"

"예."

"더 할 말은 없니?"

"예."

A는 선생님의 도움을 받아 NVC 모델로 솔직히 자기표현을 한다.

"(관찰) 내가 발을 내밀더라도 C가 조심하지 않고 다닐 때

(느낌) 나는 화가 나기도 한다. 늘 우리들만 조심해야 해서 화가 난다.

(관찰) 술래잡기할 때 C가 술래 하겠다고 하면

(느낌) 넘어질까 봐 걱정된다. 다리가 많이 아플까 봐 걱정도 된다. 다칠까 봐 무섭기도 하다.

(욕구) 나는 친구들과 편안한 마음으로 즐겁게 놀고 싶기 때문이다.

(부탁) C가 이런 우리의 마음도 이해해 주면 좋겠어요."

A, C와 한 NVC 대화를 전체 학생들에게 공개했더니 몇몇 학생은 A의 느낌과 비슷하다고 한다.

우리 반은 다음과 같이 약속했다.

술래잡기 놀이할 때 술래는 그날 정하는 방법에 따른다.

○ NVC 대화로 회복된 생활 교육 요소

① 피해자(영향을 받은 학생)의 회복: C의 느낌을 찾아 주는 활동과 영향을 준 친구에게 마음을 전할 기회를 얻어 솔직한 자기표현을 함으로써 마음이 편안해진다.

② 관계 회복: 영향을 준 친구 A의 생각을 들으면서 C도 조심해야겠다는 의지를 표현한다.

③ 공동체 회복: 다리가 아픈 C를 돌보고 양보하고 배려하느라 학급 전체가 약간 긴장되어 있었던 듯하다. 친구들이 무엇을 걱정하는지를 이해하는 계기가 되어 이제는 서로를 격려하면서 놀이를 한다.

실내화로 때렸어요

3교시 국어 시간. 교실 바닥에 둥글게 앉아 모둠 활동을 하는데 A, B가 속한 모둠에서 "새끼야!", 퍽! 하는 소리가 난다. B가 눈물을 글썽거린다.

(눈물을 글썽이며) "A가 실내화로 내 머리를 때렸어요."

"괜찮니? 많이 아프겠는데, 보건실 갈까요?"

"괜찮아요."

"보건실에는 안 가도 된다는 말인 것 같아요. 지금 대화 모임을 해서 서로의 마음을 알아야 하지만, 수업 중이니 끝나고 해도 될까?"

(울고 있는 B에게) "어떻게 하면 좋겠니? 15분 정도 있으면 수업이 끝날 텐데, 교실 뒤 책상에 앉아서 수업 활동을 보겠니? 아니면 모둠 활동을 하겠니?"

"뒤에서 볼게요."

"모둠 활동이 하고 싶을 때 하도록 하자."

"A는 어떻게 하고 싶니?"

"뒤에서 볼게요."

수업을 마친 후, 대화 모임을 시작한다.

"무슨 일이 있었는지 말해 볼까요? 누구부터 할까요?"

B가 먼저 손을 든다.

"A가 모둠 활동하는데, 실내화를 벗어서 가운데 두고 보고 있었어요. 치우라고 해도 안 치우는 거예요. 더러운 실내화서 짜증이 났어요. 왜 가운데에 두는지. 짜증 나서 실내화를 A 쪽으로 날렸어요."

A는 "네가 뭔 상관인데!"라고 고함을 지른다.

"실내화가 내 코를 때렸다고요."

(아주 큰 소리로) "너는 뭔데 더러운 실내화를 가운데 놓는데."

(아주 큰 소리로) "뭔 상관이야! 내가 죽으면 너도 죽을 거야? 왜 내일에 상관이야. 나는 그냥 내 실내화가 더럽나 하고 보고 있었다고."

(점점 더 소리가 커진다) "공부하는데 왜 더러운 신발을 애들 가운데 놓느냐고!"

"지금은 대화가 어렵구나. 5교시 수업하기 전에 전체 친구들이 있는 데서 하자. 너희 둘이 말하는 모습을 친구들이 다 봤으니 같이 이야기해 보자."

5교시 수업 시작 전에 대화를 다시 시작한다.

"3교시 때, A와 B가 다퉜어요. 친구들이 공부하고 있는데도 목청을 높이며 싸워 너희들도 여러 가지 감정이 있었을 것 같아요. 모둠 친구들이 하는 이야기를 듣고 너희들도 할 이야기가 있으면 해도 됩니다."

(계속 말을 이으며) "A, B는 서로 쳐다보지 않도록 뒤돌아서 앉아 주세요. 모둠원 친구를 보지 않고 앉아 주세요. (뒤로 돌아앉음) 3명의 친구는 가운데에 앉아 주세요. 선생님만 보세요."

"(관찰) A가 모둠원이 둥글게 앉아 토의하는데 실내화를 가운데 놓는 것을 봤을 때

(느낌) A가 갑자기 실내화 바닥을 보여 주면서 '이것 좀 더럽제?'라고 해서 '어리둥절한', '불편한', '당황스러운', '혼란스러운'입니다."

"모둠 활동은 다 같이 하고 협력하면서 하는 건데 A가 더러운 실내화를 내밀어서 질서, 예절이 필요했어요."

"A가 좋은 친구인 줄 알았는데, 실내화를 내밀면서 '이것 더럽제?' 해서 '불안한', '슬픈', '실망한', '속상한'입니다."

"(관찰) B가 A의 바닥에 있는 실내화를 손으로 쳐 A의 실내화가 A의 코에 맞았다. A는 화가 나서 '개XX야!' 하면서 실내화로 B의 머리를 때렸다.

(느낌) B의 머리를 'XX야!' 하면서 한 대 때렸어요. 놀라고 무서웠어요. 목소리가 무서웠어요."

(모둠원의 욕구) "공부에 방해가 되어서 화가 날 때 인내해 주면 좋겠어요."

"수업 마치고 대화 모임을 하면 좋겠어요."

"A, B가 배려해 주면 좋겠어요."

"질서, 예절을 지키면 좋겠어요."

"대화 모임을 하면서 모둠 친구들 이야기를 듣고 어떤 마음이 생겼는지 말해 볼래요."

"친구들 이야기를 들으면서 짜증이 풀렸어요. A도 속상하겠다는 생각이 들어요."

"모둠원들이 불편하다고 하니 엄마 생각이 나요."

A는 엄마라는 말을 하면서 눈물을 흘린다.

"엄마가 친구와 사이좋게 지내라고 했는데…"

"엄마와의 약속이 생각났구나!"

"B가 1학년 때 같이 놀아주고 내가 아프면 보건실도 데려가 주었어요."

"B와 잘 지낸 것도 생각이 나는구나."

"예."

"더 할 이야기가 있니?"

"없어요."

"지금 마음은 어떤가요?"

"친구들에게 미안하고 후회되어요."

"사과하고 싶지 않으면 하지 않아도 됩니다. 모둠 친구들에게 사과하고 싶은 마음이 있을 때 하세요."

"예. 수업 마치고 할게요."

모둠 활동 중에 다툼이 일어나 순식간에 두 학생이 싸울 때는 두 학생 모두 강한 감정이 올라와 있다.

그때 교사가 중재하거나 이야기로 풀어나가려고 하면 어려워진다.

학생들은 더 큰 소리로 자기의 생각, 분한 마음들을 상대의 탓으로 돌리면서 큰 소리로 말하기 시작한다. 이럴 땐 교사가 중재하려고 하기보다는 학생 자신이 어떻게 할 것인지를 물어보는 것이 효과적이다. 수업에 참여할 것인지, 혹은 혼자 활동하기를 바라는지 등을 물어본다.

의자를 둥글게 놓고 관련 학생들만 교사를 향해 앉게 한다. 수업 중에 크게 다툰 두 학생은 뒤로 앉거나 같은 모둠원들을 보지 않도록 한 후, 모둠원들의 말을 듣게 한다. 모둠원들의 느낌과 욕구 그리고 관찰을 듣고 크게 싸운 학생들의 현재 마음을 이야기하는 시간을 갖는다.

NVC 대화 후 모둠원들에 대한 느낌이 어떤지를 나눈 후 모둠원들에게 상대 공감 대화인 대화 모임을 할 것인지, 두 학생이 원하는 대로 하도록 한다.

거친 말과 행동을 하는 학생이 친구들과의 활동 중에 자기 위주로 행동과 말을 할 때는 교사가 훈계하거나 당연시하는 말, 지적하는 말을 하기보다는 친구의 느낌을 듣도록 하는 것이 학생들의 마음을 내려가게 한다.

NVC 대화를 할 때, NVC에서 보는 분노를 이해하며 대화를 해도 도움이 된다.

○ NVC 대화로 회복된 생활 교육 요소

① 영향을 받은 학생의 회복: 모둠원들의 이야기를 들으면서 짜증 난 게 풀리고 'A도 속상했구나' 하는 상대의 마음을 이해한다.

② 자발적 책임 회복: 모둠원들이 불편하다고 하니 엄마가 친구들과 사이좋게 지내라고 한 것을 떠올리며 눈물을 보인다. B의 이야기를 들은 후 B와 1학년 때부터 좋은 친구로 지낸 것을 떠올리며 때린 행동을 후회하는 A다.

③ 관계 회복: 서로의 행동을 후회하면서 자발적으로 사과를 한다고 한다. 다시 잘 지낼 수 있다고 한다.

④ 공동체 회복: 전체 학생들이 수업하는 가운데 강한 감정이 올라와 선생님이 있는 가운데서 이런 상황이 벌어지면 학급 공동체 안에 불안감이 엄습한다. 학생들에게 NVC 대화에 함께하기를 부탁했더니 학생들이 조용히 이를 들어 주었다. 어항식토의 형식으로 대화하고 다른 학생들은 자유롭게 이를 듣도록 했다. 학생들은 이 과정을 조용한 태도로 들었다. 갈등을 가진 모둠원들이 자발적으로 사과까지 하는 과정을 보면서 학급 공동체의 안전이 회복되었으리라 생각된다.

⑤ 정의 회복: 모둠 학습할 때 모둠원 친구들의 욕구도 배려해 주는 정의.

○ NVC에서 보는 분노

지금 나에게 어떤 욕구(이해, 인정, 존중, 평등, 지원, 따뜻함 등)가 있는데 그것이 충족되지 않고 있다.

꿈꾼다. 공감 교실

눈이 네 개야

수업을 하고 있는데 A가 손을 든다.

"B가 '눈이 네 개야.'라고 놀려요."

B는 수업하고 있다는 사실을 잊은 것처럼 큰 소리로 "장난으로 했어요."라고 말한다.

A를 보며 "수업 후에 대화 모임을 하자."고 부탁을 한다.

수업을 마친 후, 대화 모임을 시작한다.

"장난은 어떤 마음일 때 하니? B가 생각하는 장난을 말해 주겠니?"

B에게 생각할 시간을 주었다.

"'눈이 네 개야.'라는 말을 할 때의 장면을 떠올려 보세요. 어떤 생각으로 했을까요?"

"장난은 괴롭힐 때 해요."

"A는 지금 느낌을 찾아오세요. NVC 대화로 자기 마음을 표현할 거예요."

"(관찰) 네가 나에게 '눈이 네 개야.' 할 때

(느낌) 나는 화가 나고 당황스럽고 신경이 쓰여 공부할 수 없었어. 1학년 때부터 아이들이 소 눈이라고 놀려서 자꾸 생각이 났어.

(욕구) 나는 편안하게 공부를 하고 싶어서 대화 모임을 신청했어.

(부탁) 나는 네가 내 눈이 아프고 시력이 나쁘다는 걸 이해해주기를 바라. 내 말을 듣고 너의 생각을 말해 줘."

"B는 NVC 대화로 A의 마음을 알아주는 활동을 할 거예요."

"(상대 관찰) 내가 너에게 '눈이 네 개야.'라고 할 때

(상대 느낌) 너는 화가 나고 당황스럽고 신경이 쓰여 공부할 수 없구나. 1학년 때부터 아이들이 소 눈이라고 놀려서 자꾸 그 생각이 났구나.

(상대 욕구) 너는 편안하게 공부하고 싶기 때문에

(상대 부탁) 내가 네 눈이 아프고 시력이 나쁘다는 것을 이해해 주기를 바라니?"

이 학생은 1학년 때부터 친구들이 눈에 대한 내용으로 놀렸다는 말을 여러 번 했다. 오늘도 "눈이 네 개야."라는 말을 들은 이 학생은 수업에 집중하려고 해도 갈등 상황이 자꾸 생각나 집중할 수 없다는 신호를 보내는 것이다. 이는 화장실이 급할 때 화장실로 가야 내 몸과 마음이 편해지면서 하려던 일을 할 수 있는 것과 같은 것이라고 본다. 수업 중에 말없이 앞으로 나와 "선생님." 하고 사소한 갈등을 이야기하는 학생도 있다. 이 경우도 친구와의 갈등으로 도저히 공부할 수 없다는 신호를 보내는 것이다.

교사는 학생이 왜 불렀는지, 왜 교실 앞으로 나왔는지, 수업을 잠깐 멈추고 그 이유를 들어 주어야 이 학생이 학습을 제대로 할 수 있다.

가르쳐 줬다고요

모둠 퍼즐 맞추기를 하는데 J가 마지막 두 조각을 손에 쥐고 있다. K가 그것을 뺏으려 하면서 빨리하라고 한다. J는 뺏기지 않으려고 오른손을 치켜들고 있다.

다른 아이들은 긴장하고 앉아 있다. K가 "여기야, 여기라고." 하니, J는 "새X야, 아앙악악!"이라며 소리를 지른다.

"소리 지르지 말고 말을 하세요. 아니면 모둠 친구가 말해 줄래요?"

"J가 퍼즐을 주지 않아요. 불편해요."

"J가 말을 해야 친구들이 이해해요. 다른 모둠 친구들이 활동을 못 하고 있어요. 말을 해야 선생님이 도울 수 있어요."

"가르쳐 줬다고요. 아앙앙앙."

다른 학생들은 시끄러워 활동을 할 수가 없다고 한다.

"씨, 가르쳐 줬다고요. 아앙앙앙."

(욕구 찾아 주기) "J는 스스로 하고 싶었구나. K는 '여기야, 여기야.'라고 할 때의 마음을 말해 주세요."

(교사가 K의 욕구 찾아 주기) "K는 그다음 활동이 빨리하고 싶었구나."

"J는 스스로 하고 싶었어요. 할 수 있을 것 같아서 스스로 하고 싶었어요. K는 그다음 활동이 하고 싶어 빨리하기를 바랐어요. J와 K가 하고 싶은 마음이 달라서 충돌했구나. J와 K는 서로의 마음이 이해가 되나요?"

J가 조용해진다.

"서로 마음을 조금씩 양보하면서 협조하세요."

우리 반은 다음과 같이 약속했다.

친구가 "도와줘."라고 하지 않으면 돕지 않는다.

학생들에게 두 사람의 욕구가 충돌한 것임을 알도록 한다. 이 활동은 짧은 시간에 서로를 이해하게 한다.

꿈꾼다. 공감 교실

축구시합을 하기 싫어요

사례 1

체육 시간을 마치고 올라온 아이들이 "선생님. A 때문에 축구시합을 하기 싫어요."라고 한다.

'A는 NVC 대화 모임을 통해 친구들에게 큰 소리로 말하거나 막무가내로 상대방을 이기려는 태도는 줄어들었으나 여전히 친구들을 불편하게 하는구나'라는 생각이 들었다. 그러면서도 한편으로는 A의 마음 성장과 수업 태도를 보면서 흐뭇하기도 하다.

학급의 학생들이 한 학생을 지목하여 화를 낼 때는 다 함께 이야기해 보는 것이 바람직하다. 물론, 이때는 느낌과 욕구를 중심으로 할 것을 부탁한다.

아이들을 모아 놓고 저마다의 의견을 들었다.
"A부터 이야기해 볼까요?"
"억울하고 속상하고 불편하고 화가 나요. 그 이유는 정글짐에서 두 명의 친구가 반칙했다고 자꾸 말해서 억울해요. 무섭게 말하지 않았는데 친구들이 무섭게 말을 했다고 해서 속상하고 불편하고 화가 나요."
"이겨서 재미있고 활기가 넘쳐요."
"우리 팀이 싸우지 않아서 평화로워요."
"N이 '팀정, 팀정.'이라고 말하면서 놀렸어요. 화가 나요."
"스탠드에 있을 때 N이 와서 팀정이라고 해서 슬펐어요."
"N이 축구 경기를 할 때 갑자기 끼어들면서 '내가 할 거야. 내가 할 거야.'라고 해서 방해가 되었어요."

"마지막에 골을 넣어 기뻤어요. 친구들이 웃어 주어 고마웠어요."

"공을 넣었을 때 친구가 웃어 주어 희망을 느꼈어요."

"슬프고 짜증 나고 화가 나요. 처음 시작할 때 A가 골키퍼 뒤에 있는 공은 골키퍼 공이라고 해 놓고, 나중에는 A가 아니라고 하면서 가지고 갔어요."

"우리가 지고 있을 때는 골키퍼 뒤의 공을 넣으라고 했어요. 내가 공을 넣으려고 하니 A가 내 공이라고 했어요. 불공평했어요."

(욕구 찾아 주기) "일관성 있는 규칙이 필요하니?"

"슬프고 답답해요. 내 차례인데 A가 D보고 골킥을 먼저 차라고 했어요. 내 차례라고 하니, '얼마나 찰 수 있는데?'라고 말해 내 마음이 울적했어요. 스탠드에 가서 울고 있으니 차라고 했어요. 골킥을 차고 난 뒤나는 희망을 느꼈어요."

(바꾸어 말해 주기) "멀리 찼구나. 기분이 날아갈 듯 좋았겠구나."

"A가 할 말이 있을 거예요. A의 마음을 말해 주세요."

"나는 G한테 기회를 주고 싶었어요."

(욕구 찾아 주기) "A도 공평하게 하려고 노력했다는 말이구나."

"공 찰 때 B를 막았더니 B가 나를 긁었어요. 화가 나요."

"N이 우는 게 짜증 났어요. 나는 울고 싶어도 참았는데 N은 울어서 골킥을 하게 되어 짜증 나요."

"N이 울어서 킥을 차게 되었다고 생각하는구나."

"예."

"아니에요. S도 골킥을 찼어요."

(바꾸어 말해 주기) "울어서 골킥을 찬 것이 아니라 순서가 되어서 했다. 한 번도 안 차서 했다는 말이니?"

"예."

"더 할 말이 있나요?"

○ NVC 대화로 회복된 생활 교육 요소

① 피해자(영향을 받은 학생)의 회복: 영향을 준 친구에게 마음을 전할 기회를 얻어서 하고 싶은 말을 다 한다.

② 공동체 회복: A가 한 행동은 이기고 싶은 마음 때문이라는 것을 이해한다. "축구를 하기 싫다.", "체육을 하기 싫다."고 한 친구들이 서로의 마음을 이해함으로써 희망이 보이고 마음이 편안해진다고 한다. A도 친구들의 마음을 이해하게 되는 배움이 있었다.

③ 정의 회복: 일관성 있는 규칙이 중요함을 느낀다.

체육은 모든 학생이 즐겁게 참여하는 교과다. 학생들이 지금 겪은 일로 이야기 나누기를 하면 숨소리조차 들리지 않을 정도로 귀담아듣고 자기표현을 한다. 누가 잘했다, 못했다는 판단 없이 그대로 듣고 느끼는 가운데 대화 모임은 끝난다. 누구의 탓을 하는 이야기를 나누면 교실 안은 고함과 울음소리로 대화하기 힘들다. 서로 상처를 주고받게 된다. 교사도 아이들이 발언한 내용에 판단이나 평가의 말을 하지 않는 것이 중요하다. 존중하는 마음으로 그대로 수용하거나 공감하는 말을 한다.

학생들의 마음을 풀어 준 이 활동은 학생들이 수업에 집중하도록 하는 원동력이 된다.

사례 2

체육 시간에 아이들이 축구를 하고 교실로 들어오면서, 한꺼번에 교실 앞으로 오더니, "선생님. A는 자기 마음대로 해요.", "짜증 나서 A랑 축구시합 하기 싫어요."라고 한다. 아이들에게 "축구하고 난 지금의 마음을 느낌으로 말해 주세요. 마음이 즐거운 사람부터 해 주세요."라고 한다.

"골을 넣어서 재미있었어요."

"친구들과 해서 재미있었어요."

"공격수를 해서 재미있었어요."

"A가 골키퍼를 하라고 해서 심심했어요."

"나도 골을 넣고 싶었는데, A가 패스를 안 해 주고 자기만 골을 넣어서 서운해요."

"친구가 골을 막지 못했다고 고함을 질러서 마음이 힘들어요."

"우리 팀 수가 적어서 답답했어요."

"왜 수가 적었나요?"

"B는 힘들다고 빠지고 D도 하다가 스탠드에 앉아 있었어요."

"A가 다 수비수를 하라고 해서 슬펐어요."

"내가 골키퍼를 하고 싶었는데 A가 C를 시켜 속상했어요."

"A가 자꾸 골키퍼를 바꾸어서 불공평했어요. 그리고 내가 D에게 골키퍼 한다고 짜증을 내서 미안해요."

"A가 공을 세게 차서 무서웠어요."

"G가 공을 못 막아서 화가 났어요. 게임에 져서 화가 났어요."

"A는 친구들에게 하고 싶은 말을 해 주세요."

"나는 도움을 주려고 했어요."

(바꾸어 말해 주기) "A는 자기 팀이 이길 수 있도록 포지션 정하기, 공격하기 등 최선을 다했다는 뜻으로 들려요. 열심히 했다는 말로 들려요. A는 팀이 이겨서 너무 신나고 즐거운데 친구들의 말을 들으니 당황스러운가요?"

(끄덕끄덕) "예."

"친구들의 이야기를 듣고 어떤 배움이 있나요?"

"친구들의 마음을 알게 되었어요."

"우리 반 친구들의 마음은 축구를 할 때 공평, 재미, 규칙, 질서가 중요하다고 해요."

우리 반은 다음과 같이 약속했다.
돌아가면서 포지션을 한다.

이 약속은 우리 반에서만 지키는 것임을 아이들에게 알려 주어야
한다.

○ NVC 대화로 회복된 생활 교육 요소
① 피해자(영향을 받은 학생)의 회복: 영향을 준 친구에게 마음을 전할 기회를
얻어서 하고 싶은 말을 한다.
② 공동체 회복: 우리 반 경계 세우기로 다음 축구 경기가 안심된다고 학생들이
말한다. A도 친구들의 마음을 알고 다음 경기에서는 우리 반의 약속대로 할 것
을 약속한다.
③ 정의 회복: 재미있는 축구 경기를 위해서는 규칙과 질서 그리고 공평함이 필
요하다는 것을 알게 된다.

학급의 분위기를 주도하려는 A와의 NVC 대화 모임은 교사가 자기 공
감을 먼저 한 후에 하는 것이 중요하다. 학생들이 A에 대한 느낌을 말할
때, 욕구가 충족되지 않을 때의 느낌만 이야기할 경우에는 A가 상당한
분노를 표출할 수 있다. 사소한 갈등 문제를 다룰 때 늘 느낌으로 시작
하고 A의 마음과 욕구를 공감해 주는 활동도 필요하다.

"선생님. ○○가 괴롭혀요."라는 말을 지속해서 들으면 그 학생에 대한
격한 감정이 올라올 때도 있다. 그러나 이런 경우일수록 일관성 있는 교
사의 태도가 중요하다. 학생을 평가하거나 판단하지 않는 상황에서 대
화가 시작되어야 한다. 갈등 상황이 심화(학급 내 왕따, 학급 내 짱 형

성 구조 등)되지 않도록 느낌과 욕구 중심의 이야기 나누기가 필요하다. 강압한다면 그 학생은 자기 이해 및 상대방의 마음을 이해하지 못하여 그 행동이 심화될 것이다.

학생들의 느낌과 욕구를 찾아 주면 학급 내 불균형이 서서히 없어진다.

NVC 대화 매뉴얼은 많은 도움이 된다. 하고 싶은 말을 여러 가지 이유로 하지 못했던 친구들이 매뉴얼대로 자기 마음을 표현하기 시작한다.

중간놀이 시간 갈등

뺏었어요

아이들 10여 명이 중간놀이 시간을 마치고 들어오면서 몰려오더니 화가 난 목소리로 "선생님. A가 공을 뺏어 갔어요."라고 말한다.

이 말을 들은 A는 아주 크고 화가 나는 목소리로 "안 뺏었다고! 안 뺏었다고!"라고 소리쳤다.

다른 아이들은 각각 여러 목소리로 자신의 이야기를 했다.

"뺏었다고요."

"뺏었다고요."

"뺏었다고요."

"공을 잡으려고 기다리는데 A가 와서 공을 뺏어 갔어요."

(아주 크고 화가 나는 목소리로) "안 뺏었다고!"

(A의 욕구 찾아 주기) "A는 '친구들이 공을 기다리고 있었지만, 본인이 달려가 잡을 수 있어서 달려가 잡은 것이다.' 이런 말이 하고 싶은 것 같아요."

"예, 제가 잡은 거예요."

(공감하기) "친구들이 A의 마음을 알지 못하면서 뺏었다고 해서 화가 나니? 뺏은 것은 아니고 A의 실력으로 잡았다는 것을 친구들이 알아주기를 바래요?"

(이어서 친구들 마음 전하기) "다른 친구들은 자기 앞에 오는 공을 잡으려고 기다리는데 A가 달려와 가지고 간 것을 뺏어 갔다고 말한 것 같

아요."

"공을 잡아서 기다리고 있는데 A가 갑자기 오더니 공을 뺏어 갔어요."

"우리도 공 던지고 싶었어요."

(우리 반 친구 욕구 말해 주기) "우리 반 친구들은 모두 공을 던지고 싶어 해요. 재미와 즐거움이 중요한가요?"

"예, 재미가 없었어요."

"우리 반의 약속은 우리 반만 지키는 거예요."

우리 반은 다음과 같이 약속했다.

친구 앞으로 오는 공은 그 친구가 받도록 그대로 둔다.

귀여워요

C는 몸집이 작고 얼굴도 앳되어 보인다. 말투도 부드러운 학생이다. 학년 초 3월에 보니 C가 친구들 무릎 위에 앉아 있고, C의 볼과 머리를 귀엽다고 친구들이 만지기도 한다. 중간놀이 시간에 A는 아프다고 하는 C를 업고 보건실로 데려다주기도 한다.

"선생님. A가 내가 아프다고 하니 업고 보건실로 데려다줬어요."

"고마운 마음을 선생님께 전하는구나. 그런데 선생님은 걱정되는구나. 운동장에서 보건실까지 가려면 계단도 있는데 또래가 친구를 업고 올라가다가 계단에서 넘어지면 둘 다 다칠 수 있어요."

시간이 지나고, 예상했던 일들이 자주 일어난다.

"선생님. 누나가 강당에서 제 볼을 만져요."

"대화 모임을 하고 싶다는 말로 들려요. 누나를 데리고 오세요."

"예."

고학년 학생에게 문제 상황을 이야기하고 초대를 한다.

"선생님은 두 사람의 이야기를 다 들을 거예요. 끼어들지 말고 서로의 이야기를 들어 주세요. 선생님은 C로부터 '강당에서 놀이를 하고 있는데 누나가 볼을 만져요.'라는 말을 들었어요. 이 말을 듣고 어떤지 말해 주세요. 누가 먼저 말해 볼래요."

(고학년 여학생) "귀여워서요."

"귀여워서 만졌구나."

"예."

"그때 생각이나 마음은?"

"기분이 나빠지라고 만진 것은 아닌데요."

"그 말은 기분이 좋아지라고 만졌다는 말로 들리는구나."

(C를 보며) "기분이 좋아지라고 만졌다는 고학년 학생의 말을 듣고 자신의 생각을 말해 주세요."

"기분 나빴어요. 벌레가 지나가는 것 같았어요. 성추행, 성폭행, 이런 것 같았어요."

(고학년을 보며) "만질 때 느낌은 어땠니? 기분이 나빴나요? 아니면 다른 느낌이 있었나요?"

"나쁘지는 않았어요."

"고학년은 기분이 나쁘지는 않았고, 우리 반 C는 벌레가 지나가는 것처럼 기분이 나빴구나."

"C의 마음을 전해 볼게요."

"(관찰) 누나가 강당에서 볼을 만질 때

(느낌) 벌레가 지나가는 것 같았고 성추행, 성폭행, 이런 것 같아서 기분이 나빴어요.

(욕구) 내 몸이 안전하기를 바라기 때문에

(부탁) 귀엽다고 내 볼을 만지지 마. 그냥 지나가 줘."

(선생님 부탁) "C는 고학년 친구들이 머리나 볼을 만질 때 느낌이 좋으면 그대로 있어도 되지만 좋지 않을 땐 '하지 마!'라고 고함을 질러야 해요.

C가 자기 몸을 보호하고 안전하기를 바라요."

이 활동 후 고학년 학생은 같은 행동을 되풀이하지 않는다.

죽이고 싶어요

사례 1

"선생님. A가 나뭇가지로 우리를 때리려고 해요."

복도로 나가 보니 A가 나뭇가지를 가지고 앉아 있다.

아이들은 이 상황이 궁금하기도 하고 조마조마한 것 같기도 하다. 학생들을 진정시키고 A에게 물었다.

"왜 나뭇가지를 갖고 왔니?"

A는 아무 말 하지 않고 나뭇가지를 가지고 팔을 긁으려고 한다.

"화가 많이 났네. 속상하구나. 말을 해야 도와줄 수 있는데."

"죽이고 싶어요."

이럴 때는 당황하거나 목소리를 높이지 않고 말해야 한다.

"누구를 죽이고 싶을 정도로 서운하고 화가 나니?"

"나를."

"왜 그럴까? A는 소중한 사람인데."

(아주 작은 소리로) "친구들이 놀아 주지 않아요. 친구들이 나를 싫어해요."

"친구들이 놀아 주지 않아서 화가 났구나. 친구들이 싫어한다고 생각하니 더 서운했구나. 선생님이 도울 수 있겠네. 누구한테 서운하지?"

"B요."

"A는 B에게 화가 나고 서운하대요. 느낌 카드를 보면서 A의 마음을 전해 볼게."

"(관찰) 친구들이 놀아 주지 않는다. 친구들이 나를 싫어한다는 생각

을 할 때

　(느낌) 나는 나를 죽이고 싶을 정도로 서운하다.

　(욕구) 나는 친구들이랑 놀고 싶기 때문이야.

　(부탁) 너희들이 나랑 놀아 주면 좋겠어."

"A의 이야기를 듣고 B의 생각을 말해 줄래요."

　B의 이야기를 듣고 NVC 모델로 A가 이해할 수 있도록 반복하여 들려준다.

"(관찰) A는 놀이할 때 술래가 되거나 치면 '꽉!' 하면서 큰 소리로 울거나 때린다.

　(느낌) 그래서 무섭다.

　(욕구) 점심시간에 같이 하자고 할 때는 이미 놀이가 시작되어 기다려 달라고 했다. 하려고 보면 가고 없다. 기다려 주면 좋겠다. 그게 규칙이야.

　(부탁) 술래가 될 때 '꽉!' 하지 말고 친절하게 술래가 되어 주고, 우리가 게임을 하고 있을 땐 한 게임이 끝날 때까지 기다려 줘."

A에게 다음과 같이 제안한다.

규칙을 이해한다.

게임이 시작되면 다음 게임까지 기다린다.

또한, 전체 학생에게 A의 마음을 전한다.

A는 어떤 상황에서 자신이 이해하지 못하거나 자신의 바람대로 되지 않으면 두 주먹을 쥐고 얼굴을 무섭게 한 뒤 고함을 지른다. 누군가가 설명하고 이해시켜 주어야 마음이 풀어진다. 이런 상황은 거의 매일 일

어나고 급우들을 긴장하게 한다. A에 대한 선입견과 판단 없이 A를 볼 수 있는 담임의 역량이 필요하다.

사례 2

중간놀이 시간에 ○○가 오더니 "선생님. C가 'H를 죽이고 싶다.'라고 해요."라고 말한다.

"C가 오면 이야기해 볼게."라고 했더니, 조금 후에 다시 오더니 "선생님이 오라고 하셨다고 해도 오지 않고 운동장으로 나갔어요."라고 했다.

"나중에 오면 이야기할게."

3교시 쉬는 시간에 C를 보고 "친구들이 한 말이 사실인지 확인만 할게요. 선생님과 대화 모임 하자."라고 하니 몸에 힘을 주더니 멈칫거린다.

"무슨 일인지 모르지만 잘못했다고 생각하는구나. 이야기를 들으면 이유가 있을 거야."

잠시 생각을 하더니 C가 일어나 대화 모임 의자에 앉는다.

"C야. 선생님이 잘못 들었나 궁금해서 그래. 선생님 입으로는 말하기가 싫어서 썼어. 둘 중에 어떤 것이 네가 한 말이니?"

첫째, 나는 H가 죽었으면 좋겠다.
둘째, 나는 H를 죽이고 싶다.

C의 얼굴이 굳어지면서 한참을 망설인다.
"2번요. (입가에 멋쩍은 미소를 지으며) 장난으로 그랬는데요."
"그렇게 말한 그 순간의 느낌은?"
"화가 났어요."
"무슨 일이 있었니?"

"체육 시간에 피구를 했어요. 제가 S를 맞추려고 하는데 H가 갑자기 S를 막았어요."

(느낌 찾아 주기) "화가 많이 났겠네. 당연히 화가 나지. 짜증이 폭발했겠네. 거의 끝날 무렵이었니?"

"예."

"S를 맞힐 기회가 자주 오는 것도 아닌데 아주 아쉬웠겠네."

"예."

"다시 물을게. S를 맞추고 싶을 때 팀이 이기는 게 중요했니? 아니면 S를 맞추는 게 중요했니?"

"S요."

(공감하기) "공을 던져 맞을 수도 있고, 아닐 수도 있었지만, S를 향해 한번 던지고 싶었구나. 그 기회가 잘 오지 않는데, 드디어 와서 순간 기대감이 컸구나. S를 맞힐 수도 있다는 기대감에 온몸에 힘이 차오르면서 신이 나 있었는데, 갑자기 H가 나타나 그 기회를 놓쳐서 그 순간 화가 올라오면서 짜증도 났겠네."

"예, H는 수비인데 갑자기 들어와서 막잖아요."

"그래서 어떻게 했니?"

"공으로 H를 때렸어요."

"화가 나서 던진 거라면 세게 던졌겠네."

"예."

"H를 맞췄니?"

"예."

"H가 많이 아팠을 거야. 그래서 H가 집에 가겠다고 했구나."

"H 때문에 S를 맞히지 못했다. S를 맞힐 기회를 놓쳤다는 생각에 화가 나서 '나는 H를 죽이고 싶다.'라고 했구나. '나는 S를 맞히고 싶은 내 바람이 이루어지지 않아 화가 났다. 그래서 나는 H를 죽이고 싶다고 말했다.'가 맞니?"

"예."

"S를 공으로 맞추지 못한 네 마음 때문이구나."

가만히 쳐다본다. 여러 번 되풀이하여 들려주니 "아, 예."라고 대답한다.

"지금 선생님과 이야기를 했는데 어떠니?"

"배움이 있어요."

"그 배움이 뭔지 궁금하네."

"화를 내지 않도록 노력해야 한다는 거예요."

> 느낌의 근원은 욕구다. 다른 사람에 대한 비난은 충족되지 않은 자기 욕구의 왜곡된 표현이다.
>
> -『비폭력 대화』中

놀아 주지 않아요

"선생님. 친구들이랑 경찰과 도둑 놀이를 하고 싶은데 친구들이 놀아 주지 않아요."

"누구랑 이야기하고 싶니?"

"A요."

"D가 아이들이 경찰과 도둑 놀이를 시켜 주지 않았대요. A와 대화하고 싶대요."

(예전과 달리 차분한 목소리로) "D가 규칙을 몰랐어요. 경찰과 도둑 놀이의 규칙을 물어보지 않았어요. 물어보면 우리 친구들은 설명해 주려고 했는데 물어보지 않았어요. 그래서 그냥 같이 했는데 이리저리 혼자서 다니다가 나갔어요. 한 게임 끝나고 D를 찾아보니 없었어요."

A의 말이 끝나자마자 거친 목소리, 딱딱하고 여문 목소리로 D가 소리쳤다.

"나 벤치에 있었거든!"

"D가 놀지 못한 것은 규칙을 몰라 놀지를 못했다는 거죠. 친구들이 놀아 주지 않았다는 것은 D의 생각이구나. D에게 규칙을 가르쳐 줄 수는 없었나요?"

"D는 나에게 규칙을 가르쳐 달라고 물어보지 않았어요."

"D는 먼저 게임의 규칙부터 이해하는 것이 필요하겠구나. 모르면 A나 다른 친구에게 물어보세요."

대화 모임 후 D는 다음과 같이 말한다.

"선생님. 친구가 규칙을 가르쳐 주면서 짜증을 내요."

"D는 규칙을 설명해도 몰라요."

"A는 D에게 규칙을 설명해도 잘 몰라서 짜증이 나는 것 같아요. D는 짜증 내는 A에게 서운한 것 같아요. D는 친구들이 어떻게 하는지 보고 따라 해 보세요. 또한, 선생님이 D의 마음을 알아볼게요."

"(관찰) D는 규칙을 이해해서 친구들과 놀고 싶은데 친구들이 짜증을 내면서 규칙을 알려 줄 때
　(느낌) 서운하고 섭섭해요.
　(욕구) 나를 이해해주기를 바라기 때문에
　(친구들에게 부탁한다) 나는 너희들이 설명하는 내용을 빨리 이해하지 못해. 나에게 설명을 할 때는 천천히 해 줘."

선생님이 D에게 부탁한다.
"그리고 놀이를 하기 전에 미리 친구들에게 규칙을 알아보면 어떠니?"

하지 마

학급 학생 중 몸집이 작은 C가 A와 대화 모임을 하고 싶다고 한다.

"A가 보건실에서 나를 안았어요."

(큰 소리로) "세게 안 했다고요. 따뜻해지라고 안았다고요."

(작은 소리로) "세게 했어요. 배가 아팠어요. 그래서 내가 하지 말라고 했는데도 계속했어요."

(아주 큰 소리로) "내가 언제 세게 했어. 거짓말이라고요. C가 거짓말 한다고요."

"A는 따뜻해지라고 했다고 해요. A를 보지 말고 그때 느낌을 말해 주세요."

(작은 목소리로) "배가 아파서 불편하고 속상했어요."

(큰 소리로) "세게 안 했다고요."

"선생님은 그 자리에 없어서 알고 싶어서 그래요. 상황극을 해 볼까요? 그대로 있으세요. 물어볼게요. 뒤에서 겨드랑이 밑으로 손을 넣고 깍지를 끼어 잡았네요. 뒤에서 친구를 안으려고 손깍지를 했네요. 손깍지를 하려면 손에 힘이 들어가야 할 것 같은데, 어때요? C가 A의 손깍지를 만져 볼래요?"

"힘이 들어가네요."

"손깍지에 힘을 빼 보세요. 손깍지가 풀리는구나. 힘을 주고 잡아서 아팠겠네. A는 더 할 말이 있나요?"

"대화 모임 모델로 C가 마음을 표현해 볼게요."

"(관찰) 뒤에서 겨드랑이 밑으로 손을 넣고 깍지를 끼어 나를 안을 때 배가 아파서 하지 말라고 해도 계속할 때

(느낌) 움직일 수가 없어서 불편하고 속상했어.

(욕구) 나는 너랑 편하게 지내고 싶어.

(부탁) 내가 '하지 마!', '하지 마!'라고 하면 하지 말아줘."

또래 친구들 간에 힘의 불균형이 있을 땐 자기표현을 못 하는 경우가 있다. 친구를 힘들게 하는 학생 중에는 상대방의 마음 읽기가 더딘 학생들이 대부분이다. 여러 가지 경우로 느낌을 찾는 활동을 하면 그 이유를 알게 하는 데 도움이 된다. 그리고 이럴 땐 직접 재연해 보라고 하는 것이 관찰하는 데 도움이 된다.

때려요

중간놀이 시간을 마친 학생들이 "선생님. A가 잠바로 우리를 때려요." 라고 말했다.

A를 보며 "무슨 일이 있었니?"라고 물었다.

"나만."

"어느 친구가 그랬니?"

"모두."

"피구 했니?"

"그게…"

자기표현력이 서툰 A라 더 이상 대화를 하지 못하고 수업이 시작되었다. 수업 중에 A가 다른 행동을 보이지 않아 더 이상 묻지 않고 급식실에서 다시 물었다.

"선생님께 할 말이 없니?"

"내가 이야기하는데 맞히고, 내가 피하려고 하는데 맞히고…"

"그 말은 친구들이 너만 맞힌다고 생각하는구나. 게임을 오래 하고 싶은데 빨리 죽어서 화가 났니?"

"그게."

"말을 해야 아는데, 지금 말하고 싶지 않니?"

"예."

점심시간에 운동장에서 놀고 올라온 학생들이 다시 말한다.

"A가 침을 뱉고 밀치기도 했어요."

D가 앞으로 나오더니 말한다. "A가 놀고 있는데 밀쳐서 벽에 부딪혔어요."

교실을 보니 A가 보이지 않는다.

"A는 어디 있니?"

"도서실 쪽으로 가는 것을 봤어요."

"알려 줘서 정말 고마워."

도서실에 인터폰을 하니 A가 있다고 한다. 교실에 가라고 해도 가지 않는다고 한다.

"교실에 오지 않으면 담임 선생님이 엄마에게 전화한다고 전해 주세요."

조금 있으니 A가 올라왔다. 올라오더니 가방을 휙 갖고 나간다. 얼른 따라 나가서 작은 소리로 "엄마에게 알릴게."라고 하니 다시 들어온다.

A를 보니 안쓰러운 생각이 들어 더 이상 묻지 않고, 학급 학생들에게 물어보았다.

"중간놀이 시간에 무슨 일이 있었는지 물으니 친구들 때문에 화가 났다고 했어요. 친구들이 자기만 맞춘다고 해요. 무슨 일이 있었니? 피구 했니?"

"아니요. 조끼를 입고 있으면 공을 조끼에 던져 붙이는 게임을 했어요. 공이 작고 말랑말랑해서 하나도 아프지 않아요."

"A는 말하려고 하면 맞히고, 피하려고 하면 나만 맞힌다고 했어요."

몇몇 학생이 "알겠어요. 이해가 돼요."라고 말한다.

"A가 게임 규칙을 이해하지 못한 것 같기도 하구나." A는 가만히 듣고 있다. 수업이 시작되어 더 이상 깊이 들어가지 못하고 대화는 끝이 났다.

수업을 마치고 A를 보니 마음이 많이 진정된 듯 보인다. A를 불러서 할 말이 없는지 물어보았다.

A는 가만히 있는다.

"화가 나면 선생님께 말하기로 한 약속을 어겼는데 어떻게 할까요?"

(아주 여린 목소리로) "오늘까지 봐 주고요. 내일 또 하면 엄마한테 전화요."

"약속 지킬게. 선생님과 말하면 친구 마음도 알게 되고 A의 마음도 전할 수 있는데 말을 하지 않으니 선생님도 답답하고 도울 수도 없단다. 친구들이 A의 무서운 모습만 보게 되어 슬퍼. 마음이 따뜻한 모습도 많은데."

 학생들을 집으로 보내고 기록을 하면서 다른 생각이 들었다. '혹시 A는 두려웠을까? 아프지 않은 작은 공이지만 친구들이 자기를 향해 공을 던지는 모습이 무서워서 하지 말라는 뜻으로 옷을 휘둘렀을까? 물어봐야지.' 하는 생각이 든다. A는 표현력은 서툴러도 아니면 '악!' 하고 소리를 내거나 연필을 던지거나 하니까 추측한 것을 물어봐야겠다는 생각이 들었다.

 다음 날 아침, A를 불러 추측한 내용을 물었다. "친구들이 네게 공을 많이 던져 무서웠니?"

 (아주 작은 소리로) "아니요. 화가 나서 그랬어요. G가 공을 던져야 하는데, 붙이고 가서 나도 그랬어요."

 (욕구 찾아 주기) "G가 반칙을 해서 화가 났고, 친구들이 너만 맞히는 것 같아 계속 화가 났구나. 서운했구나. 그래서 점심시간까지 침을 뱉고 친구들을 밀고 그랬구나. 친구가 규칙을 지키기를 바라는구나."

 A가 가만히 듣고 있는 걸 보니 '맞구나!'라는 생각이 들었다.

 "침 뱉은 일은 어떻게 할까? 엄마에게 알려 도움을 받고 싶구나."

 "안 뱉을게요."

 "그 약속 믿을게. 혹시 친구들한테 부탁할 일 있니?"

 (침묵)

 "생각해 보고 친구들에게 부탁할 일이 있으면 말해 주세요."

 다시 전체 학급 학생들에게 옷을 휘두르며 친구들을 때리고 다닌 이유를 설명해 주었다.

언어 구사 능력이 또래보다 부족한 학생에게는 교사가 마음을 추측하여 들려주면 언어 능력이 부족하더라도 아닐 때는 아니라고 표현을 한다. 이 학생에게 억울한 일이 없도록 세심한 주의가 필요하다.

관찰에는 상대를 비난하거나 상대의 잘못을 들춰내려는 의도가 없다.

-『비폭력 대화』中

'씨X'이라고 해요

고학년 학생의 경우다. 중간놀이 시간을 마치고 전담 수업을 위해 복도에서 줄을 서는데 "학생 A가 '씨X.'이라고 해요.", "욕을 매일 해요."라고 다른 선생님께서 알려 주신다.

A를 만나 보았다.

"밀잖아요. 학교 올 때부터 그랬어요. 학교 오는데 계단에서 밀어 풀밭에 넘어졌다고요. 줄 설 때도 계속 밀었다고요. 사과하면 되잖아요. 사과할게요."

A는 고개를 숙이고 친구 얼굴을 보지도 않고 건들거리면서 "미안해."라고 한다.

"B야. 친구가 지금 '미안해.'라고 하는데, 네 마음은 어떠니? 편안하니? 억울한 마음이 있니?"

"억울한 마음이 있어요."

"선생님의 대화 방법으로 사과하기를 바라요. 괜찮겠니? 먼저 느낌 카드로 자기 마음을 찾아 주세요."

"A는 화가 났구나."

"B는 당황스럽구나."

"지금부터 대화할게요. 무슨 일이 있었는지 찾아볼게요."

"계단에서 몇 번 밀었니?"

"넘어진 상황을 자세히 설명해 주겠니?"

"줄을 설 때는 몇 번 밀었니?"

"A는 화가 나는 마음 말고 다른 마음도 있니?"

"B는 당황스러운 마음 말고 다른 마음도 있니?"

"씨X의 의미는 뭐니?"

대화한 후 느낌 카드를 보고 NVC 모델로 말하고 공감으로 듣기 지도를 한다.

"A부터 자기 마음을 말해 볼게요."

"(관찰) 학교를 오는데 학생 B가 계단에서 약하게 두 번 밀어 몸이 약간 기울어졌다. 줄을 설 때도 약하게 한 번 밀었다. 그래서 '씨X.'이라고 했다. '씨X'이라는 의미는 '하지 마.'다.

(느낌) 학교 올 때도 밀고 줄 설 때도 밀어 화가 난다. 나는 그때, 형이 자퇴한다는 말을 들어서 마음이 힘든 상황이었다.

(욕구) 혼자만의 시간과 휴식이 필요해.

(부탁) 나의 힘든 마음을 이해해 줘."

"B의 자기 마음을 말해 볼게요."

"(관찰) 등교할 때, 줄 설 때 심심해서 장난으로 약하게 밀었는데

(느낌) 갑자기 친구의 입에서 욕이 나와서 당황스럽다. (나중에 다시 찾음) 마음이 상한다.

(욕구) 나는 재미가 필요해서

(부탁) 너에게 같이 놀자고 밀었다는 걸 이해해 줘."

두 학생의 지금 느낌과 욕구가 달라 다툼이 발생했음을 알아차리게 한다.

○ NVC 대화로 회복된 생활 교육 요소

① 피해자(영향을 받은 학생)의 회복: 학생 B는 NVC 대화 모임을 통해, 밀긴 했지만 넘어지지 않은 것과 계속 민 것이 아니라는 사실이 밝혀져 마음이 놓인다.

② 자발적 책임 회복: 학생 B는 밀긴 했지만 넘어지지 않았다는 것과 한 번 밀었다는 것을 알게 된다. 학생 B에게 "씨X."이라는 말은 '내가 힘드니까 하지 마.' 였다는 것을 NVC 대화를 통해 알게 된다.

③ 관계 회복: NVC 대화 후 학생 B는 진실이 밝혀져 마음이 든든하다. 화해할 시간을 주어 고맙고 편안하다고 한다.

　학생 A는 마음에 있는 걸 다 털어놓을 수 있어서 편안하다고 한다. 두 학생은 서로를 이해할 수 있다고 한다. 굳이 잘 지내라는 말을 할 필요가 없다.

점심시간 갈등

무서웠어요

H가 A와 대화 모임을 하고 싶다고 한다.

"선생님. A랑 대화 모임 할래요. 내가 B하고 놀려고 하는데 A가 나를 밀치면서 자기랑 놀자고 했어요."

"그때 A가 너랑 B랑 못 놀게 밀친다는 생각이 든 거니?"

"나를 밀치고 B랑 놀았어요."

(목소리를 높이며) "내가 B한테 같이 놀자고 하는데 말하지 않았어요."

"A의 말을 다시 할게요. H가 B랑 놀자고 하는 말을 못 들었다는 거예요."

(큰 소리로 H를 보면서) "'B랑 놀자.'라는 말을 H가 안 했다고요."

"H의 말을 들어 보고 싶어요."

"내가 같이 놀자고 말하려고 하는데 A가 나랑 놀자고 하면서 나를 밀쳤어요."

"그때 H의 느낌은 어땠나요.?"

"무서웠어요. 내가 같이 놀자고 말하려는데 A가 B를 보고 나랑 놀자면서 나를 밀칠 때 무서워서 말을 못 했어요."

"H는 대화 모임 모델로 마음을 말해 주세요."

H는 A의 눈을 맞추지 못하고 매뉴얼대로 말한다.

"(관찰) 내가 B랑 놀려고 할 때 나를 밀치면서 B보고 같이 놀자고 말

할 때 소리가 너무 커서

(느낌) 무서웠어. 너무 무서워 말을 못 했어.

(욕구) 나는 내 마음이 편안하기를 바라기 때문에

(부탁) 작은 소리로 같이 놀자고 말을 해 줘."

"선생님. A가 무섭게 말하는 걸 들었어요."라고 여기저기서 말한다.

우리 반은 다음과 같이 약속했다.
친구들에게 친절하게 말하자.

A의 강점은 강한 남성성으로 친구들에게 앞장서려는 리더십이다. A는 학급의 리더 역할을 맡으면 도덕적인 판단으로 잘 이끌 학생이다. 목청도 아주 크고 우렁차다. 몸의 에너지가 충만하다. 친구들과 술래잡기를 할 때 다양한 규칙으로 친구들을 즐겁게 해 준다. 승부욕도 강하다. 그러나 이런 강점이 때로는 약점이 되기도 한다. 특히 공놀이 게임, 술래잡기를 할 때, 몇 명의 학생들은 '왜 A는 술래잡기 도중에 규칙을 바꾸지?', '왜 A는 맨날 자기가 편을 가르지?', '자기네 편이 불리하면 화를 내고 왜 가버리지?' 같은 의문점을 대화 모임 시간에 말하기 시작하고, A는 친구들의 그런 말을 듣는 것을 힘들어한다. 1학년 때는 아무도 그런 말을 하지 않았는데, 2학년 대화 모임 시간에 친구들이 느낌으로 대화 매뉴얼에 맞게 연습하기 시작하면서 A에 대한 불편한 마음과 부탁의 말을 하기 시작했다. NVC 공감 대화를 하면서부터 A는 뭔지 모르지만, 자신이 잘못하고 있다는 생각이 든다고 한다. 선생님이 "네가 잘못한 거야."라는 말을 하지 않는데도 A는 대화 말미에 늘 친구들의 마음을 알게 된 것이 배움이라는 말을 하곤 한다.

담임 교사는 A가 하는 말을 잘 듣고, A의 말 뒤의 욕구를 찾아 주는 역할을 한다. 이를 A가 성장하면서 겪는 성장통이라고 생각하고 A를 바라보면서 A를 공감해 주는 활동을 한다.

3월에 학부모 모임 또는 학부모가 상담을 요청할 때, 학급의 담임 교사는 NVC 대화 매뉴얼을 소개하고, 직접 이를 시연해 주는 것이 NVC 대화로 학급을 이끄는 데 도움이 된다.

모르고 그랬는데요

급식을 하려고 하는데 아이들이 말했다.

"선생님. B가 우리한테 침 뱉었어요."

"안 했는데요."

"친구들의 모습을 보고 말해 볼까요?"

"일부러 안 그랬는데요. 모르고 그랬는데요."

(영향을 받은 친구를 보며) "우선 얼굴을 씻자. 급식 후에 대화 모임을 하도록 하자. 지금은 다른 친구들도 급식을 해야 하니까. 화가 많이 나고 정말 억울하겠다. 선생님과 하는 대화 모임으로 B가 사과할 거예요."

급식을 마치고 학생 세 명과 대화 모임을 한다.

"처음엔 '안 했다.'고 말하고 이후에는 '일부러 하지 않았다.', '모르고 그랬다.'고 했다는 말이죠."

"사과할게요. 그런데 아까 밥 먹을 때 미안하다고 했는데도 사과를 안 받아 줘요."

"미안하다고 하는데 마음은 어때요?"

"마음이 불편해요."

"앞으로는 선생님의 지도를 받으면서 대화 모임으로 마음을 알아볼게요. 느낌을 찾아오세요. 느낌 카드를 보고 말해 주세요. A부터 말해 볼까요?"

"B가 침을 뱉을 때 나는 가만히 있기만 했는데 왜 그랬는지 혼란스럽고, 궁금한 마음과 화나는 마음의 두 갈래 마음이 있습니다. '혼란스러운', '화나는', '열 받은'입니다."

"C가 말해 볼까요."

"'걱정스러운', '당혹스러운', '불편한', '억울한'입니다."

"친구의 이야기를 다 듣고 나서 B의 마음을 말해 주세요."

"엄마한테 말할까 봐 쓸쓸하고 불안해요."

"엄마한테 말하면 혼날까 봐 두려운 거예요?"

"예."

"B는 엄마한테 말하지 않기를 바라네요. 친구 마음이 화가 나고 억울한 것은 걱정이 안 되는 것 같아요. A, C도 바라는 게 있나요?"

"사과받고 싶어요."

"'미안해.' 하고 말할 때와 대화 모임 후의 마음이 어떤지 느껴 보세요. NVC 대화로 해 볼 거예요. 선생님 지도를 받으며 할 거예요. 먼저 A가 자기 마음을 말할 거예요."

"(관찰) B가 물을 마시고 있는 내 얼굴에 침을 뱉었다. 그 순간 A의 입 안에 있던 물이 나와 C의 팔에 튀어 옷이 젖었다.

(느낌) B가 침을 뱉을 때 나는 가만히 있기만 했는데 왜 그랬는지 혼란스럽고 궁금한 마음과 화나는 마음이 두 갈래다. '혼란스러운', '화나는', '열 받는' 마음도 있습니다.

(욕구) 예측하지 못한 일, 생각하지 않은 일이 일어나지 않기를 바라기 때문에

(부탁) 더러운 가래는 화장실을 이용해 줘."

"B가 친구들의 마음을 알아줄 거예요."

"(관찰) 내가 가만히 있는 네 얼굴에 침을 뱉어서

(느낌) 너는 왜 그랬는지 혼란스럽고, 궁금한 마음과 화나는 마음이 두 갈래이고, '혼란스러운', '화나는', '열 받는'이구나.

(욕구) 너는 예측하지 못한 일, 생각하지 않은 일이 일어나지 않기를

바라기 때문에

  (부탁) 침은 얼굴에 뱉지 않고 화장실에 가서 뱉기를 바라니? 미안해."

"대화 모임을 하고 난 지금의 마음은 어때요?"

"1학년 때는 안 했다고 거짓말을 했는데 사실이라고 해 줘서 고마워요."

"친구들과 이야기할 수 있어서 고마워요. 그런데 또 약속을 지키지 않을까 봐 답답해요."

"1학년 때도 늘 안 한다고 약속했는데 안 지켰어요. 그래서 지겨워요. 진짜로 안 했으면 좋겠어요."

"B는 C의 마음을 알아주는 활동을 할 거예요."

"(관찰) 너는 급식실에 가만히 서 있는데 A의 입속에 있는 물이 네 옷에 튀었을 때

  (느낌) 너는 걱정스럽고, 당혹스럽고, 불편하고 억울했겠구나.

  (욕구) 너는 예측하지 못한 일, 생각하지 않은 일이 일어나지 않기를 바라기 때문에

  (부탁) 너에게 침을 뱉는 행동은 하지 않을 거라는 약속을 하기를 바라니? 그리고 내가 꼭 실천하기를 바라니? 미안해."

"지금 B의 마음은 어떤가요?"

"선생님이 혼내지 않아서 평화로워요. 선생님께서 엄마한테 말하지 않아서 고마워요."

"선생님은 궁금한 게 있어요. 1학년 때부터 B가 너희들을 힘들게 했는데 왜 B에게 직접 싫다고 크게 말하지 않았나요?"

"무서워요. 선생님이 혼을 내도 해요."

"힘이 세고 지나갈 때 치고 다녀서 무서워요."

"B는 친구들에게 무서운 친구가 되고 싶나요, 아니면 친절한 친구가 되고 싶나요?"

"친절한 친구요."

"'나는 친절한 친구가 되고 싶어요.' 이 말이 진심인가요?"

"예."

"더 할 말이 있나요?"

이 활동 후 B는 같은 행동을 반복하지 않는다.

이 학생은 친구들과 노는 것을 무척 행복해하는 아이다. 다만 친구를 툭 치고 다니는 일방적인 행동으로 다른 친구들이 아프고 괴롭다는 것을 미처 알지 못하는 듯하다. 학생들이 "선생님. B가 치고 갔어요."라는 말을 할 때마다 대화 모임에 초대하고, 훈육 대신에 느낌과 욕구를 찾는 상대 공감 활동 및 일방적인 재미와 즐거움은 상대를 괴롭힐 수 있다는 것을 느끼도록 한다.

"넌 친구랑 노는 것을 무척 좋아하는구나."

"친구가 없으면 심심하겠구나. 친구는 너에게 소중하구나."

"넌 재미있고 즐거운데 친구는 눈물이 날 정도로 아프고 슬프다고 해. 소중한 친구도 함께 재미있고 즐거울 수 있도록 해 주면 안 될까?"

왕처럼 해요

점심시간 놀이를 마치고 교실로 들어온 B와 C가 D에게 할 말이 있다고 한다.

D와의 대화를 신청한 것이 무척 반가웠다. 학년 초에 학생들이 D와 대화하려고 하면 D가 눈을 부릅뜨고 고함을 지르고 안 했다고 하니 학생들이 대화를 포기했다.

서클 형태를 만들어 느낌말로 지금의 마음을 표현하도록 했다.
"선생님은 모두의 이야기를 들을 거예요."
(D를 아주 조심스럽게 보며) "네가 아까 점심시간에 운동장에서 무섭게 말해서 불편했어."
(화가 난 큰 목소리로) "네가 규칙을 어겼잖아."
"선생님을 보고 지금 느낌을 말해 주세요. D도 친구들 이야기를 듣고 하고 싶은 말을 다 하는 거예요. 또 할 말이 있나요?"
(여전히 D의 눈치를 보며) "나는 규칙을 어기지 않았어. 문 뒤에 서 있었는데 네가 무섭게 말해서 기분이 나빴어."
(작은 소리로 말을 더듬거리며) "그리고 선생님이 안 계실 때면 왕처럼 굴어서 불안했고 실망스럽고 속상했어."
(크고 야무진 목소리로) "나만 그런 것 아니야. 다른 친구들도 좀비 놀이할 때 그랬어."
"또 할 말이 있나요?"
"규칙을 지키고 화내지 말아 줘."
"친절하게 말해 줘."
(큰 소리로) "너희들이 규칙을 어겨서 나를 화나게 하지 말아 줘."
(욕구 찾아 주기) "D는 친구들이 규칙을 지키기를 바라는구나. D는

규칙을 어긴 적은 없나요?"

"없어요."

"D는 규칙을 어기지 않고 놀이를 한다고 해요. 너희들의 생각을 말해 주세요."

"없어요."

"D는 규칙을 잘 지키는구나. 그래서 친구들이 규칙을 어기면 화가 많이 나는구나. 친구들도 D처럼 규칙을 잘 지켜 줘야 마음이 편안하겠구나."

"우리도 규칙을 지키는데 D가 중간에 규칙을 바꿔요. 그래서 그래요."

(아주 큰 소리로) "내가 크게 규칙을 말했잖아."

"못 들었어."

"B와 C의 마음을 선생님이 알아볼게요."

"(관찰) 우리는 규칙을 지키면서 놀이를 하는데, D가 중간에 갑자기 규칙을 바꾸면 규칙을 몰라서 어기게 돼요. 그때마다 D가 왕처럼 무섭게 말하고 선생님이 계시지 않을 때도 교실에서 큰 소리로 왕처럼 무섭게 말해요.

(느낌) 실망스럽고 속상하고 불편해요.

(욕구) 우리는 서로 친구이기 때문에

(부탁) 친절하게 말해주면 좋겠어. 그래 줄 수 있겠니?"

"D에게 선생님 마음을 전해 볼게요."

"(관찰) 선생님은 수업 중에 크고 힘 있는 목소리로 D가 발표하면 편안해요. 친구들이 잘 들을 수 있게 큰 목소리로 할 때는

(느낌) 편안하고 상쾌해요. 친구들을 배려하는 것 같아 고마워요.

(욕구) 우리 반 친구들이 발표 내용을 다 들으면 친구들이 내용을 잘 듣고 이해하기 때문에 안심이 돼요.

(부탁) 계속 친구들이 다 들을 수 있도록 발표를 할 때는 지금처럼 크게 말해 주세요."

"D의 마음을 알아볼게요."

"(관찰) 내가 큰 소리로 말하는 것은

(느낌) 친구들이 교실에서 떠들거나 놀이를 할 때 규칙을 어기면 화가 나서 그래.

(욕구) 나는 규칙을 지키는 것이 중요하기 때문이야.

(부탁) 너희들도 규칙을 지켜 줘."

"친구들의 마음을 전해 볼게요."

"(관찰) 선생님이 안 계시는 교실, 운동장에서 놀이 중에 친구들에게 말할 때 큰 소리로 말하니

(느낌) 그때는 친구들이 속상하고 불편해요.

(욕구) 우리는 서로 친구니까 서로를 존중하고 배려해 주는 것이 필요해요.

(부탁) 우리한테 말할 때는 친절하게 해 줘."

"오늘 대화 모임을 하고 난 지금의 마음을 이야기해 주세요."
"안심이 되고 용기가 나요. 그리고 공평하고 배움이 있어요."
"하고 싶은 말을 해서 통쾌해요."
"친구들의 마음을 알게 되는 배움이 있었어요."

학생들이 왕이란 표현을 쓸 때는 많은 이야기가 담겨 있지만, "왕처럼 해요."는 말하는 사람의 생각과 판단이 섞인 말이다. 이럴 경우 듣는 사람이 화가 나 소리를 지르거나 자기방어적인 말을 할 수 있다.

부정적으로 말하는 친구들 때문에 위축되지 않도록 고함지르는 D의 행동 뒤에 있는 욕구를 찾아 주고 공감해 주는 활동이 필요하다.

○ NVC 대화로 회복된 생활 교육 요소
① 영향을 받은 학생의 회복: B, C의 자유로운 자기표현. 솔직한 자기표현을 D에게 함으로써 마음이 가벼워진다.
② 자발적 책임 회복: D는 친구와 이야기를 함으로써 친구의 마음을 알게 되고 자기 행동을 되돌아보는 시간이 된다.
③ 관계 회복: 서로 원하는 것이 무엇인지를 이해하게 되어 관계가 회복된다.

내 마음도 알아주세요

점심시간 중에 학생 B가 와서 "제가 학생 A를 다치게 했어요."라고 말했다.

"선생님. 제가 교실에 빨리 온 이유는 학생 A가 눈을 심하게 다치고 안경이 부러졌을까 봐 걱정되고 놀랐기 때문이에요."

그럴 때는 이 말을 하는 학생의 마음을 알아주는 것이 중요하다.

"학생 B의 마음도 알아주기를 바라는구나."

(아주 작은 소리로) "예."

"보건 선생님께 확인하니 다행히 학생 A는 눈도 다치지 않았고 안경도 괜찮다고 하는구나. 그래도 지금 네 마음을 학생 A에게 전하고 싶니?"

"예."

"그럼 학생 A가 오면 대화 모임을 하자."

학생 B가 학생 A에게 자기표현을 한다.

"(관찰) 내가 종이로 네 눈을 쳐서

(느낌) 너의 안경알이 깨졌을까 봐 걱정되었어. 그리고 코에 피가 나서 놀라고 걱정되었어. 조마조마했어.

(욕구) 네가 다치지 않기를 바랐어."

NVC 대화를 지속해서 하다 보면, 영향을 준 학생들이 마음이 불편하면 먼저 선생님께 와 친구에게 상처 준 말과 행동을 말한다. 이럴 땐 이 학생의 마음을 공감해 주는 것이 중요하다. 그렇게 해 주면 앞으로 이 학생은 친구들에게 상처 주는 행동과 말을 하지 않을 확률이 높아진다.

장난으로 그랬는데요

점심시간의 일이다.

"선생님. 5학년 형이 내 목을 꼬집고 등을 눌렀어요."

"장난으로 그랬는데요."

(바꾸어 말하기) "재미로 했다는 말로 들리는구나."

"얘가 먼저 뒹굴고 있어서 목을 눌렀어요. 안 꼬집었어요."

"목의 살을 잡았어요."

"우리 반에서 대화 모임을 해도 되겠니? 이야기만 들을 거예요."

"느낌 카드를 찾아오세요. 느낌 카드를 보고 우리 반 대화 모델로 해 보세요."

"(관찰) 형이 내 목을 잡고 등을 밀 때

(느낌) 나는 괴로워.

(욕구) 왜냐하면 내 몸이 소중하기 때문이야.

(부탁) 나를 그대로 내버려 둬. 내 말을 들으니 어때, 형?"

"(관찰) 네가 먼저 복도에서 뒹굴고 있어서

(느낌) 장난치는 줄 알고 재미로 목을 잡았는데 당황스러워.

(욕구) 나는 너를 괴롭힐 마음이 없었어. 너랑 재미로 장난치고 싶었어.

(부탁) 학교 규칙을 어기지 말고 지켜 줘. 그러면 나도 그러지 않을 거야."

"(관찰) 형의 말을 듣고 내가 먼저 규칙을 어기고 있었다는 것을 알게

되어

　(느낌) 당황스럽고 형한테 미안하기도 해.

　(욕구) 나는 정직한 것이 중요하기 때문에

　(자기에게 부탁) 학교 규칙을 내가 먼저 어겼다는 사실을 형에게 말하고 싶어요."

○ NVC 대화로 회복된 생활 교육 요소

① 피해자(영향을 받은 학생)의 회복: 3학년 학생은 솔직히 표현했고, 5학년 형이 내 목을 누른 것을 인정하여 마음이 풀린다.

② 자발적 책임 회복: 5학년 형이 목을 졸라 괴로웠지만, 내가 먼저 장난을 치고 있었다는 것을 알아차림으로써 5학년 형뿐만 아니라 3학년도 규칙을 어기고 있었다는 것을 스스로 인정한다.

③ 정의 회복: 3학년은 대화 모임을 하는 과정에 자신도 학교 규칙을 어겼다면서 형에게 그 사실을 말한다. 규칙을 어겼다는 것을 솔직하게 표현한 용기 있는 태도다(정직).

나만 잡아요

점심시간인데 H가 교실로 올라온다.

"선생님. 맨날 친구들이 나만 잡아요."

"누구랑 이야기할까요?"

"A요."

"오면 이야기하자."

교실에 돌아온 A는 화를 내면서 "잡을 수 있어서 잡았어요. 규칙대로 한 거예요."라고 했다.

"A의 말을 듣고 넌 어떠니?"

(침묵)

(바꾸어 말해 주기) "H는 술래 하는 게 힘들다는 말인가요?"

"맨날 술래 해요. 재미가 없어요."

"A가 H를 잡나요?"

"A는 맨날 나만 잡아요."

(바꾸어 말해주기) "하루 한 번 정도는 괜찮은데, 많이 술래 해서 재미가 없는 거예요?"

"하루에 많이 해요. 다른 친구들은 어쩌다 잡는데 A는 맨날 나만 잡아요."

"술래를 하루에 많이 해서 재미가 없구나. 술래 할 때 술래가 되지 않으려면 필요한 게 있나요?"

"잘 달려야 하고 잘 숨어야 해요."

"재미있게 친구들과 놀고 싶은데 매일 술래 해서 속상하겠구나. A는 규칙을 어기지 않았고 잡을 수 있어서 잡았다고 하는데, 이 이야기를 듣고 넌 어때?"

(침묵)

"서로의 마음을 알아볼게요. H부터 알아볼게요."

"(관찰) 맨날 친구들이 나만 잡을 때, 특히 A가 나만 잡을 때

(느낌) 나는 재미가 없다. 속상하다.

(욕구) 나는 친구들과 재미있게 술래잡기 놀이를 하고 싶기 때문에

(부탁) 하루에 한 번만 술래 하고 싶어. 나를 잡지 말아 줘. 다른 친구를 잡아 줘."

"A의 마음을 알아볼게요."

"(관찰) 나는 잡을 수 있어서 잡았는데

(느낌) 당황스럽다.

(욕구) 나는 술래할 친구를 빨리 잡고 싶기 때문에 너를 잡았어.

(부탁) 재미있게 술래 하고 싶은 내 마음도 이해해 줘."

"A는 술래잡기가 아주 재미있으나 H는 속상하고 재미가 없구나. 두 사람의 기분이 다르구나. NVC 대화 후의 마음을 말해 주세요."

"H의 마음을 알게 되었어요."

"친구의 마음을 이해하게 되어서 편안해요. 내 마음도 이야기해서 편안해요. 내가 나를 인정하여 편안해요."

"술래가 되는 이유를 알아서 편안한 거니?"

"제가 달리기가 느리고 잘 숨지 않아 술래가 된 것을 인정해서 편안해요."

"네 마음이 편안한 대로 하면 좋을 것 같구나. 더 할 말이 있니?"

(작은 소리로) "없습니다."

○ NVC 대화로 회복된 생활 교육 요소

① 피해자(영향을 받은 학생)의 회복: A가 H를 잡은 것은 규칙을 어기지 않은 것이라는 것을 이해한다.

② 자발적 책임 회복: 다른 친구들보다 달리기를 잘해야 한다는 것도 이해하면서 술래가 된 것은 나의 책임이라는 것을 인정한다.

③ 관계 회복: A의 행동을 이해하고 관계가 회복된다.

④ 공동체 회복: 친구들은 규칙대로 하는 것임을 이해한다.

"나만 잡아요."라는 말 뒤의 욕구를 찾아 주는 NVC 모델로 대화 활동을 지속해서 하면, '왕따시키네'라는 생각에서 서서히 벗어나 용기를 갖고 느낌으로 자기표현을 하기 시작한다.

도망가요

B가 선생님께 와서 대화 모임을 요청했다.

"친구들이 나를 두고 모두 도망가요."

5교시 수업 후 대화 모임을 하자고 했더니, 책상 위에 엎드려서 운다.

마음이 불편하고 슬퍼서 수업을 들을 수 없다는 신호를 보낸다.

잠시 수업을 멈추고 B가 이야기하고 싶어 한 친구들을 부른다.

"나는 아이들이 뛰어가길래, 'B가 술래인가?'라고 생각하고 도망갔어요."

"도망가는 친구를 보고 B는 어떤 마음이었니?"

"슬펐어요."

(느낌말에 집중하며 바꾸어 말하기) "나를 왕따시킨다고 생각했나요?"

(반갑다는 듯 목소리를 높이며) "예, 왕따시킨다는 생각이 들었어요."

"수업 끝나고 대화 모임을 더 하자꾸나."

수업이 끝나고, 대화 모임을 시작했다.

"D가 아운이라고 했어요."

"아운이가 무슨 뜻이니?"

"영화, 게임에 나오는 인물인데 귀신이에요."

"어떤 생각이 들었니?"

"나쁘다는 생각이요. 보라색이라서 괴물 같다는 생각이 들었어요."

"C는 아운이라는 말을 할 때 어떤 생각을 했니?"

"술래잡기하자고 했는데 친구들이 딴짓을 했어요. 이렇게 하면 술래잡기를 할까 해서 귀신을 말했어요."

"B의 마음을 전해 볼게요."

"(관찰) 친구들이 도망가는 것을 볼 때 왕따시킨다는 생각 때문에
(느낌) 슬퍼요.
(욕구) 친구들과 잘 지내고 싶기 때문에
(부탁) 나를 두고 도망가지 않기를 바라. 내 말 듣고 너희들 생각을 말해 줘."

"C의 마음을 이야기해 주세요."

"(관찰) 술래잡기를 하자고 했는데 친구들이 딴짓을 했어요. 이렇게 하면 술래잡기를 할까 해서 귀신을 말했는데
(느낌) 친구들이 진짜 뛰어가서 재미있기도 하고 놀라기도 했어요.
(욕구) 술래잡기를 하고 싶어서
(부탁) 아운이라고 한 거야. 내 마음을 이해해 줘."

"NVC 대화 모임을 한 후의 느낌과 생각을 말해 주세요."
"C는 자기의 재미를 위해서 나를 놀렸는데 대화 모임을 하면서 진실을 말해 줘서 고맙고 행복하고 기뻐요. 또 선생님과 대화 모임을 하니 배움이 있고 고마워요. 그리고 인정하게 되었어요."
"어떤 인정인지 궁금해요."
"자기 마음대로 생각하다가 이런 일이 벌어지고 있다는 것을 인정하게 되었어요."
"친구를 놀리지 않고 친구를 소중하게 여기는 발전이 있어요. 다시 친구와 친하게 지날 수 있어서 뿌듯해요."

확대 느낌 욕구 카드를 교실의 작은 칠판에 붙여 이야기할 때마다 도구로 활용하는 것은 학생들의 풍부한 감정 표현에 도움을 준다.

이 활동은 학생들의 긍정적인 사고에 영향을 준다. 학생들의 이야기를 가감 없이 그대로 듣고 수용하는 교사의 자세는 학생들의 자율적인 표현을 존중하는 것이다.

나만 술래 시켜요

사례 1

   점심시간에 M이 교실로 와 "선생님. 아이들이 저만 술래 시켜요."라고 한다.

   "서운하기도 하고 힘들기도 하고 재미가 없었구나. 친구들과 이야기해 볼게."

   "우리 반 전체 학생과 술래잡기를 했나요?"

   "거의 다 같이 해요. 13명 정도 같이 했어요."

   "그러면 전체 학생들과 이야기를 해 볼게요. 다들 몇 번 정도 술래를 했나요?"

   "3번 술래했습니다."

   "6번 술래했습니다."

   "5번 술래했습니다."

   "8번 술래했습니다."

   "20번 술래했습니다. 내 술래는 12번이고 8번은 힘들어서 다른 친구들이 대신해 주었습니다."

   "친구들이 M이 술래잡기할 수 있도록 도움도 주었구나. 배려도 했구나."

   "6번 술래했습니다."

   "20번 술래했습니다."

   "J는 달리기도 잘하고 동작도 빠른데 그렇게 많이 했나요?"

   "술래는 12번 했고 8번은 힘들어하는 친구를 대신해서 했습니다."

"친구를 이해하고 배려했구나."

"3번 술래했습니다."

"M은 친구들 이야기를 듣고 하고 싶은 이야기가 있나요?"

(울먹이면서 작은 소리로) "없습니다."

"선생님은 M이 친구들에게 자기 마음을 표현하면 좋겠어요."

M은 고개를 흔들면서 눈물을 훔친다. 감정이 북받쳐 올라 말하기 힘든 M에게 가까이 가서 이야기를 듣고 말했다.

"선생님이 말해 볼까요. 선생님은 M의 마음을 알 것 같아요."

"(관찰) 술래잡기를 조금 하면

(느낌) 나는 힘들다. 피곤하다.

(욕구) 그래서 구석에서 쉬려고 하면 친구들이 와서 잡는다. 구석에 앉아 있을 땐 내가 너무 힘들어서 쉬려고 앉아 있는데 친구들이 잡는다.

(부탁) 내가 앉아 있는 것은 너무 힘들다는 뜻이야. 친구들이 이해해 주기를 바라."

(M에게 부탁하기) "몸이 피곤하고 힘들 땐 친구들에게 미리 말하고 술래잡기를 하지 않으면 어떻겠니?"

대화 모임 후 M은 '난 친구와 같이 놀아야 해'라는 생각에서 벗어나 자기 몸과 마음을 살피며 놀이를 선택하는 모습을 보였다.

○ NVC 대화로 회복된 생활 교육 요소
학생 M의 회복: M은 술래를 12번은 자신이 하고 힘들다고 할 땐 J가 8번 대신해 주었다는 것을 기억했다. 그리고 이를 통해 친구들이 M을 배려해 주었다는 것을 알고는 상황을 이해한다.

사례 2

5교시 수업을 하려는데 D가 손을 든다.

"A랑 B가 나한테만 술래를 시켰어요."

D는 게임 활동을 할 때 게임의 규칙을 이해하는 시간이 다른 학생들보다 많이 필요한 학생이다.

'이해가 안 된 부분이 있었나 보네.'

여학생 A가 급한 걸음으로 앞으로 나오더니 짜증 섞인 높은 목소리로 말했다.

"선생님. D가 술래가 되니까 갑자기 다리가 아프다고 해요. 술래가 하기 싫다는 뜻으로 들렸어요. 맨날 시키지도 않았어요. D가 달리기는 잘 못 한단 말예요. 술래 하기 전에 다리가 아프다고 말했으면 술래 안 시켰어요. 미리 말했으면 안 시켰어요."

"미리 말했더라면 D를 배려했을 거라는 마음을 알아주면 좋겠니?"

(발갛던 얼굴이 편안해 지면서) "예."

여학생 A의 말을 받아 남학생 B가 차분한 목소리로 말을 보탰다.

"선생님. 그냥 D에게 술래를 시킨 것이 아니라 투표를 해서 한 거예요."

"투표를 해서 한 거라고 하는구나."

이 말을 들은 D가 할 말을 하지 않고 눈물을 보이며 그렇다고 한다.

"술래가 된 이유를 알았나요? 이해가 안 되는 부분이 있으면 항상 이야기나 질문을 해서 이해하면 어떨까?"

D는 고개를 끄덕이면서 눈물을 흘린다.

"수업 후에 다시 대화 모임을 할게. 그때 네가 하고 싶은 말을 하렴.

할 말이 있는 것 같구나."

D에게 수업 후에 다시 모여 여학생 A의 말을 NVC 대화로 다시 들려준다.

"(관찰) D가 술래가 되니까 갑자기 다리가 아프다고 할 때
(느낌) 술래가 하기 싫다는 뜻으로 들렸어요. 맨날 시키지도 않았어요. 짜증 나요.
(욕구) D가 달리기는 잘 못 한단 말에요. 술래는 달리는 것이 중요해요. 술래 하기 전에 다리가 아프다고 미리 말했으면 술래 안 시켰어요. 미리 말했으면 안 시켰어요.
(부탁) 다음부터는 미리 말해 주겠니?"

남학생 B의 말을 NVC 대화로 다시 들려준다.

"(관찰) '술래를 시켰어요.'라는 말을 들을 때
(느낌) 그냥 D를 술래를 시킨 것이 아니라 투표를 해서 한 거예요. 그래서 당황스러워요.
(욕구) 공평하게 술래를 뽑았기 때문에
(부탁) 술래를 뽑을 때 공평하게 했다는 걸 이해해 줄래?"

D가 A와 B에게 하고 싶은 말을 들려준다.
"점심시간에 나가지 않고 교실에 있으려다가 5교시가 체육 시간이라 다리가 아파도 나갔다. 할 수 없이 술래를 했다가 체력이 점점 떨어졌습니다. 최선을 다하려 했지만, 중간에 너무 힘들었어요. 친구들에게 아무 말도 안 하고 올라갔다가 술래잡기 탓에 우정이 깨져서 아이들과 대화 모임을 해서 인정받고 싶었어요."

(바꾸어 말해 주기) "D의 마음을 친구들에게 말해서 이해를 받고 싶었나요?"

(밝은 표정을 지으며) "예."

"또 할 말이 있나요?"

"친구들이 들어 주면 좋겠어요. 다음부터는 내가 나 자신을 돌보고 친구들과 우정을 쌓고 내 능력을 더 높이고 최선을 다해서 친구들한테 인정받고 싶다는 마음이 있습니다."

○ NVC 대화로 회복된 생활 교육 요소
① 피해자(영향을 받은 학생)의 회복: D는 자신이 아픈데도 술래를 하라고 한 친구에게 서운함이 있어서 대화 모임을 요청했지만, 대화하는 도중에 공평하게 술래가 뽑혔다는 것을 이해하고 상황을 알게 되었다.
② 자발적 책임 회복: 다리가 아픈 것을 미리 말해야 친구들이 D를 이해할 수 있다는 것을 알아차린다.
③ 관계 회복: 다시 대화 모임을 요청하여 친구들도 D의 이야기를 듣고 서로서로 자신들의 욕구를 이해한다.

아운이라고 해요

C가 점심시간에 놀이하고 올라와 책상에 엎드려 울고 있다. C에게 다가가 물었다.

"누구랑 이야기하고 싶니?"

"A, B와 이야기하고 싶어요. '미안해.'라고 사과했는데 안 받아 줘요."

아이들은 자기 이야기를 시작할 때 짧게 끊어서 말하는 경향이 강하다. 말이 끊어지지 않고 잘 연결되도록 질문하여 관찰 문장으로 표현하는 과정이 필요하다. 이 활동이 끝나면 아이들이 찾은 느낌 카드를 들고 NVC 모델로 바로 이야기를 시작한다. 수업이 시작되어야 하는 바쁜 일정의 틈을 노려 아이들의 갈등 상황을 효율적으로 마무리하는 데 도움이 된다.

"C의 이야기부터 들을게요."

"(관찰) A가 나보고 '아운이'라고 하니 친구들이 나만 두고 도망갔어요.
(느낌) 아운이는 영화에 나오는 괴물이라서 슬펐어요.
(욕구) 왜 나에게 A가 아운이라고 했는지 궁금해요.
(부탁) 아운이라고 한 이유를 말해 줘."

"A의 말을 들어 보고 다른 내용이 있으면 말해 주세요."

"(관찰) 친구들에게 술래하자 하자고 해도 딴짓만 하고 있어서 술래할 사람이 없고, 가위바위보 할 사람이 없었다. 시간도 없었어요. (반복하여 말함)

그런데 C의 손에 찐득이가 묻어 있는 것을 보니 영화의 아운이가 생각이 났다.

그래서 아운이라고 했다. 그런데 친구들이 A만 두고 진짜로 도망을 갔다.

C가 그냥 술래가 되었다.

(느낌) 친구들이 진짜로 도망을 가 놀라기도 하고 재미있기도 하다.

(욕구) 나는 친구들과 빨리 놀고 싶어서

(부탁) 아운이라고 했단다. 이해해 주면 좋겠어. 내 말을 듣고 어떠니?"

"B의 말을 들어 볼게요."

"(관찰) 내가 아운이라고 하지 않았는데 C가 내 멱살을 잡을 때

(욕구) 사실대로 말하고 싶은데

(느낌) 말하지 못해서 답답하다."

B의 말을 들은 C가 말했다.

"선생님. B에게 사과하는 대화 모임을 하고 싶어요."

"B에게 NVC 모델로 해 보세요. 친구의 마음부터 알아주고 자기표현을 하세요."

"(상대 관찰) 너는 내가 잘못 알고 네 멱살을 잡을 때

(상대 욕구) 정직하게 말하고 싶었는데 말하지 못해서

(상대 느낌) 넌 답답하구나."

"(관찰) 네가 아운이라고 하지 않았는데, 내가 너의 멱살을 잡았다고

하니

　(느낌) 나는 당황스럽고 후회가 돼.

　(욕구) 나는 진실이 중요하거든.

　(부탁) 다음엔 내가 잘 모르고 행동을 할 땐 큰 소리로 아니라고 말
해 줘."

　이 사례는 A가 먼저 C에게 놀리는 말을 했는데 C는 B가 한 줄 알고
B의 멱살을 잡았다. 대화하는 과정에 이 사실을 알고 C가 B에게 NVC
대화를 통한 공감하기를 했다. B는 갈등 상황이 생겨도 말을 잘 하지
않는 학생이다. C의 진심 어린 공감 활동으로 B의 마음이 회복되는 시
간이었다.

까불어서 그랬는데요

점심시간의 일이다. A가 찾아와서 말했다. "선생님. 5학년이 내 머리를 때렸어요."

"억울하겠구나."

"선생님과 함께 대화 모임이 하고 싶어요."

5학년 학생의 담임 선생님께 알리고, 아이에게 하고 싶은 장소를 물어본 뒤 담임 선생님이 계시지 않아도 되는지 확인한다. 그 후 대화 모임을 시작했다.

"사과할게요. 미안해."

"형이 '미안해.'라고 하는데 괜찮니?"

"아니요. 대화 모임 할래요."

"왜 그랬는지 말해 줄래요?"

"까불어서 때렸어요. A는 제 친구의 동생인데 친구가 자기 집에 오라고 해서 갔어요. 놀고 있는데 갑자기 저에게 나가라고 하는 거에요."

"다른 형들은 놀아주는데 저 형은 놀아 주지 않아서 나가라고 했어요."

"5학년 형은 당황하고 슬펐구나. 계속 서운했겠구나. 마음이 상해 눈물이 날 만큼 마음도 아팠구나."

"형은 사과도 안 하고 도망갔어요."

"때린 후에는 도망을 갔다고 하네요. 무슨 생각이 나서 도망을 갔니?"

"3학년을 때려서 뒷일이 예상되고, 미안하다고 하고 싶었어요. 마음이 편하지 않았어요."

"하고 싶은 말을 계속하세요."

"동생이 달려들지 않으면 좋겠어요. 나는 형한테 달려들지 않아요."

(바꾸어 말해 주기) "형이라는 의미는 '나이가 위다'라는 뜻인 만큼, 나이에 따른 위아래 질서, 예절을 동생이 지키면 좋겠다는 의미로 들리는구나."

"우리 반 대화 모임 NVC 모델로 동생 마음을 먼저 알아주고 자기표현을 해 볼게요. 선생님을 따라 하세요."

"(관찰) 내가 갑자기 너의 뒤통수를 때려서
(느낌) 너는 놀라고 억울하구나.
(욕구) 너는 네 몸이 안전하기를 원하기 때문에
(부탁) 너는 내가 서운하면 말로 해 주기를 바라니?"

"형의 마음을 말해 보세요."

"(관찰) 저번 주 금요일에 네가 나에게 '나가.'라고 말해서
(느낌) 나는 서운했어. 그래서 오늘 네 머리를 갑자기 때린 거야. 내가 형답게 행동하지 못했구나. 후회스러워.
(욕구) 나는 동생이 나에게 달려든다고 생각했어. 나는 위아래 질서가 필요했어(위아래 질서 예절의 욕구).
(부탁) 다음엔 나가라는 말 대신 같이 놀아달라고 해 줘(행동 부탁)."

영향을 준 학생이 사과하고 싶다고 한 후에 말한 "미안해."라는 한마디는 영향을 받은 학생의 마음을 충족시키지 못한다. 화난 마음이 가라앉지 않거나 서운함과 억울함이 남아 있는 가운데서는 사과받기가 힘들다.

사과는 영향을 받은 학생이 사과받을 마음이 있을 때 하는 것이다.

평소에도 거짓말을 잘하잖아

"선생님. 억울한 일이 있어요."

"이야기해 보세요."

"H가 점심시간에 피구를 하다가 M하고 내가 넘어졌는데 '네가 밀었지?'라고 해서 '아니야.'라고 했더니, '너는 평소에도 거짓말을 잘하잖아.'라고 했어요."

"공은 어디서 났니?"

"H가 집에서 갖고 왔어요."

"또 할 말이 있니?"

"피구를 하고 있는데 갑자기 안 한다고 하면서 '나는 A랑만 할 거야. 나하고 놀 사람은 손들어.'라고 했어요."

"H가 한 말 중 가장 억울한 말은?"

"'너는 평소에도 거짓말을 잘하잖아.'라는 말이에요."

"많이 억울하겠구나. (M을 보며) 둘이 넘어질 때 밀어서 넘어졌니?"

"아니요."

"서로 부딪혀서 넘어졌구나. H한테 아니라고 말해 줄 수 있었는데 못했다면 그 이유가 뭘까? 느낌 카드를 보며 말해 볼까요?"

"뭐라고 할까 봐 못했어요."

"피구를 못 하게 할까 봐 걱정되기도 했고, 무섭고 두려웠다는 말로도 들리네."

(침묵)

"B의 마음을 알아주는 활동을 해 볼게요. M이 도와주면 마음이 풀릴 것 같아요."

(서로 마주 보며) "너는 나를 밀치지 않았고, 서로 걸려서 넘어졌어.

H는 자기 생각을 말한 거야. 그리고 너는 평소에 거짓말을 하지 않아."

이 말을 들은 B의 얼굴이 밝아진다.

"H가 우리 반의 약속인 '집에서 물건을 가지고 와 친구들에게 상처 주는 행동이나 말을 하지 않습니다.'를 어겼는데 왜 말하지 않았니?"
"H가 뭐라고 할 것 같아 말하지 못했어요."

"내일 전체 대화 모임을 할게요."
두 학생은 밝은 표정으로 교실을 나간다.

다음 날 아침, 서클 형태의 대화를 하려니 시간이 충분하지 않아 학습지를 주며 점심시간에 피구를 할 때 있었던 일을 중심으로 그 내용을 글로 적게 한다. 친구에게 부탁할 말도 적어 보라고 한다.
그리고 학생들이 기록한 내용으로 피구를 하면서 있었던 일을 살펴보고 학생들과 대화를 한다.

"월요일과 화요일에 H가 집에서 갖고 온 공으로 피구를 했다. 가위바위보로 편을 정했다. 선생님께 말하지 않았던 이유는 선생님이 술래잡기하지 말고 다른 것을 해도 된다고 했기 때문이다. (이 부분은 다시 확인) 피구는 재미있으니까 했다. H가 다 하고 나더니 갑자기 안 한다고 해서 짜증이 났다."

"친구들과 H의 공으로 피구를 했다. 그런데 게임 중에 H가 자기 마음대로 멈추라고 해서 짜증이 나고 화가 났다. 그래서 우리 반 모두가 불편했을 것 같다. 선생님께 말하려고 했는데 H가 무서워서 말을 못

했다.

　피구를 할 때 H가 마음대로 해서 하기 싫었지만, H의 마음이 안 좋을 것 같아서 했다.

　(부탁) H야. 이제부터 네 마음대로 게임을 멈추지 말고, 친구들의 얘기를 듣고 멈춰 줘."

　"O를 내가 뽑았는데 O가 H가 없으면 하기 싫다고 해서 엄청 짜증이 났다. H가 가지고 온 공으로 했는데 편은 공평하지 않았다. H가 말하면 자기만 혼난다고 해서 말하지 않았다. (하고 싶은 말) H야. 네가 우리에게 잘해 주었는데 사실 짜증이 났어. 왜냐하면 1명이 다치면 애들이 계속 다치기 때문이야. 그리고 규칙을 마음대로 정해서 짜증이 났어."

　"어제 피구를 하고 있었는데 D, J, S가 다쳐서 당황했고 H보고 Q가 피구를 시켜 달라고 했는데 처음에는 안 된다고 H가 화를 내면서 말했다. H야. 다음부터는 공을 들고 오지 마."

　"친구들과 피구를 해서 재미있었고 불편한 점은 없었다. Q는 슬펐을 것 같다. 왜냐하면 처음에 Q가 피구를 한다고 할 때 친구들이 안 끼워 준다고 했기 때문이다. H가 공을 가져와 규칙을 어긴 것 같아 마음이 불편했다."

　"H가 피구 공을 들고 와서 피구를 했다. 편을 가를 때는 공평했던 것 같다. 그런데 H가 공을 들고 온 건 조금 불편한 것 같다. (K에게) 샤프심으로 너를 찔러서 미안해. 다음부터는 내가 뾰족한 물건으로 찌르지 않을게."

"H가 공을 들고 와서 같이 피구를 하자고 했다. 끼워 주었는데 H가 무섭게 하지 않아 당황하고 놀랐다. 나에게 상처를 주지 않아 놀랐다. H가 학급 규칙을 어겼는데 말하지 않은 것은 H가 혼낼까 봐서입니다."

"점심시간에 놀 때 J가 샤프를 들고 왔는데 그 샤프에 찔려서 속상했다. 조금 쉬려고 했다. 너무 따끔거렸다. 피구 편을 가를 때 H는 아무나 골라서 하고 또 가위바위보로도 한다. 선생님께 말하지 않은 이유는 H가 선생님께 피구 한다고 말했다고 했기 때문이다. (다시 확인)"

"H의 공으로 피구를 했다. H가 모이라고 해서 모였는데 H가 S랑만 피구를 한다고 해서 속상했다. 내가 선생님께 허락받았느냐고 하니 허락받았다고 했다. (다시 확인) 내가 M을 밀지 않았는데 밀었다고 해서 당황하고 속상했다. 또 H가 '평소에도 넌 거짓말 잘하잖아.'라고 해 속상하고 억울하다."

"월요일부터 H가 피구를 해서 같이 했다. 재미있을 것 같아서 했다. 어제도 재미있게 하는데 갑자기 멈추더니 이제 S하고만 한다고 해서 당황했고 슬펐다. 왜냐하면 이때까지 계속 술래잡기하느라 지쳤기 때문이다. 학급 규칙을 어겼는데 다른 친구가 말할 것 같아서 하지 않았다. 공은 H가 S랑 카카오톡으로 공을 사서 둘이 하자고 말했다고 했다."

"월요일부터 피구를 했다. H가 학교에 공을 가지고 왔다. H와 A가 편을 갈랐다. 편을 가를 때 O가 화를 냈다. 왜냐하면 공을 던지지 못했기 때문이다. 그리고 H가 자꾸 다시 뽑고 다시 뽑았다. 학급 규칙을 어긴 것을 말하지 못한 것은 선생님께 혼날까 봐 부담스러워서 그랬다. H는 점수가 2:2가 되자 '잠깐!'이라고 하면서 팀을 다시 뽑고, 우리 편이 이기

고 있을 때 공을 던지려고 하면 계속 '잠깐만!'이라고 해서 계속 짜증이
났다."

"훌라후프에 맞아 보건실에 가야 했는데 O가 같이 가주어 고맙다. 친
구들이 H에게 피구를 하자고 해서 나도 하러 갔는데 H가 멈추라고 했
다. 멈췄더니 H가 S랑만 한다고 해서 짜증 나고 화가 났다. 나는 H랑
피구를 하지 않았다. 그 이유는 H랑 하면 또 무슨 일이 일어날 것 같아
서다. 또 H가 자기 마음대로 하는 것 같아서 마음이 불편했다. H가 우
리 의견도 들어주면 좋겠다."

"공은 내가 갖고 왔다. 친구들이랑 3년 동안 술래잡기를 한 것이 재미
없어서였다. S랑 조용히 공을 갖고 와서 둘이서 놀았는데 친구들이 하
나둘씩 와서 피구를 같이 했다. 친구들의 마음을 화가 나게 만들고 속
상하게 만들어서 미안하다. 팀은 내 마음대로 나누었다. 내가 팀을 뽑
지 않고 팀을 뽑고 싶은 친구들이 많아서 공평하진 않지만, 여자들끼리
내가 팀을 뽑자고 했다. 나는 친구들한테 공평하게 하려고 했고, 게임
중에 들어온 A, B, C, D에게도 게임을 시켜 주려고 노력했다. O가 내
팀이 안 됐다고 울어서 내가 속상했다."

S가 H에게 자기표현을 했다.

"H가 자기랑만 놀자고 했을 때(나는 S랑만 놀 거야) 어떤 생각이 들었
니?"
"둘이서만 하는 것은 아닌 것 같아요."
"느낌으로 말하면?"
"'불편한', '나는 H하고만 놀아야 하나?'라는 생각에 불편했어요."

"S의 마음을 H에게 전한 적이 있나요?"

"아니요."

"S의 마음이 불편한데도 말하지 않으니 H는 S의 마음을 모르는 거예요."

"예."

"지금 S의 마음을 전합니다."

"(관찰) 네가 친구들한테 '나는 S랑만 할 거야.'라고 말할 때
(느낌) 나는 불편했어. 둘이서만 하는 것은 아닌 것 같아.
(욕구) 친구들이랑 다 같이 하기를 바라."

3번 반복한다.

H를 공감하는 활동을 한다.

"H는 학급 규칙을 어기는 것이라는 사실을 알고 있었나요?"

"예."

"H는 학급 규칙을 어기는 줄 알면서도 공을 가지고 올 만큼 간절한 마음이 뭐였을까?"

(침묵)

"선생님이 추측해 볼게요. 아니면 아니라고 해 주세요. '친구들이 나랑 놀아 주면 좋겠다. (고개를 크게 끄덕임) 나는 생각을 많이 했다. 어떻게 하면 친구들이 나랑 놀아 줄까? 무엇을 가지고 있으면 친구들이 나에게 올까?'라는 생각을 많이 했다. 친구들이 공놀이를 좋아하니까 공을 들고 왔다."

(끄덕끄덕)

"H 마음을 말해 주겠니?"

"K가 부러웠어요. 친구들은 K가 하자고 하는 것은 거의 다 하는데, 내가 하자고 하면 반대해요. 억울하고 속상해요. K는 아무것도 없어도, 아무것도 가지지 않아도 친구들이 좋아해요. 부러워요."

H는 눈물을 글썽인다.

"친구들이 K의 말만 들어주고 좋아하는 것 같아 많이 속상하네. 친구들이 K를 좋아하는 이유를 말할 수 있니?"

"공평하고 화를 내지 않아요. 친구들한테 친절하게 말해요. 양보해요."

"K는 공평하고 친절하고 양보하는 친구구나. 그래서 친구들이 좋아하는구나. H가 친구들과 어울리고 싶은 마음도 나쁘지 않아요. 친구들이 나를 이해해 주고 따라 주기를 바라는 마음은 누구나 있어요. 게임에서 이기고 싶은 마음도 누구나 있어요. 게임을 그냥 재미로 하기를 바라요. H가 화내고 무섭게 할 줄 알았는데 처음에 무섭게 하지 않을 때 당황했대요. 그리고 재미있었대요. 2:2가 되었을 때 '멈춰.'라고 말해서 짜증 나고 화났나요? 그리고 또 하나, 'S랑만 놀 거야.'라고 말해서 서운하고 궁금했대요."

학급에는 다양한 학생들이 있다. 어떤 경우에라도 교사의 판단과 생각만으로 학생과 마주하지 않아야 한다. 두 귀와 마음을 열고 경청해야 한다.

NVC 대화를 16개월 정도 했다. H가 기록한 내용 중 인정한 행동과 말을 적은 내용을 읽어 주면서 H의 정직한 마음을 칭찬한다. 선생님께 미리 말했다고 한 부분은 사실이 아니라는 것도 알려 준다. H가 뭐라고 할까 봐 말을 하지 못했다는 마음 뒤에는 '나도 너무 피구가 하고 싶다.'라는 욕구가 있었다는 것도 알려 준다. 모든 선택은 내가 너무 하고 싶어서 스스로 선택한 행동이었다는 것을 명료화한다.

학생들의 욕구는 친구와 함께 노는 즐거움이다.

그리고 이 과정을 지켜본 B에게도 말한다.

"'너는 평소에도 거짓말을 잘하잖아.'라고 말한 것을 가지고 대화 모임을 하면 H가 선생님께 일렀다고 널 괴롭힐까 봐 말하지 않고 모든 친구와 관련 있는 내용을 가지고 이야기 나누기를 했단다. 지금 마음은 어떠니? 계속 억울하면 H랑 대화 모임을 할까?"

"아니요. 친구들과 같이 피구 한 것이라 마음이 편안해요. 안 해도 돼요."

사소한 갈등이 있을 때 대부분의 학생은 NVC 대화의 2단계인 느낌과 3단계의 욕구를 서로 확인하면 관계 회복이 된다. '고자질이다.'라고 생각하고 친구에게 보복하려는 학생의 성향이 관찰되면 직접적인 방법보다는 같은 문제 상황에서 전체 학생과 관련된 간접적인 방법을 찾아서 문제를 다루는 것이 영향을 받은 학생을 보호할 수 있는 방법이다.

이 활동 후 학생들은 학급 공용의 공을 이용하고, 편은 우리 반의 약속대로 그날마다 반장이 팀을 정한다(이 약속은 목소리가 크고 친구들을 제압하여 매일 팀을 정하는 한 학생 때문에 잘 지켜지지 않아 학급 학생들의 불만이 어느 날 폭발하고 만다. 그날 학급 토의를 거쳐 정해진 약속이다). 팀을 정할 때는 한 번만 가위바위보를 한 후 이긴 사람부터 친구를 선택한다. 우리가 점심시간에 피구 공놀이를 하는 이유는 이기는 것이 아니고 모두가 협력하여 재미, 즐거움, 우정을 쌓는 데 있다는 것을 한 번 더 명료화한다. 이 약속을 바탕으로 게임을 해 보고 문제가 발생하면 다시 토의할 것을 학생들과 약속한다.

이후, 공놀이를 한 학생들이 올라와 오늘은 너무 즐거웠고 다툼 없이 놀았다고 한다.

H도 화내지 않고 친절하게 했다고 전한다. 이 말을 H에게 전하는 것은 중요하다. H가 계속 친절하게 말할 수 있는 마음이 생길 수 있기 때문이다.

놀아 주지 않을 거야

점심시간에 여학생 A가 소리를 내며 울면서 "선생님. 아이들이 나만 혼자 두고 갔어요."라고 말했다.

"서운하기도 하고 슬프구나. 계속 이야기하세요."

"점심시간에 옥상 탈출을 했어요. 밀친 건 아니에요. 잡히기 싫어서 밀쳤는데, 진짜 밀친 건 아니에요. 그런데 아이들이 화를 내면서 나만 두고 갔어요."

"그때 무슨 생각이 올라왔나요?"

(침묵)

"나랑 놀지 않을 거다. 나랑 놀기 싫다. 친구들이 나를 싫어한다는 생각이 들었나요?"

(더 크게 울면서) "나랑 놀아 주지 않을 거예요."

"나랑 놀지 않을 거라는 생각에 슬프기도 하고 두렵기도 하겠구나."

고개를 크게 끄덕인다.

"'나랑 놀아 주지 않을 거다.'는 사실이 아니고 생각이니 친구들이 오면 물어보자. 선생님이 너의 마음을 우리 반의 대화법으로 들려줄게."

"(관찰) 점심시간에 옥상 탈출을 할 때 나는 잡히기 싫어서 친구들을 밀쳤다. 그런데 친구들이 화를 내면서 나만 두고 갔다.

(느낌) 친구들이 나랑 놀아 주지 않을 거라는 생각에 슬프고 두려워 눈물이 난다.

(욕구) 나는 친구들이랑 계속 잘 지내고 싶기 때문에

(부탁) 잡히기 싫어서 친구들을 밀친 것이라는 것을 친구들이 알아주기를 바라. 내 말을 듣고 너희들의 생각을 말해 주겠니?"

NVC 모델 대화 후 학생들에게 지금의 마음을 직접 전하고 싶은지, 선생님이 전하기를 바라는지, 선생님이 알고만 있어도 되는지 물어보고 스스로 선택하도록 한다.

(A의 부탁) "선생님이 내 마음을 친구들에게 전해 주세요."

너희들 때문이야

점심시간 예비종이 치니 학생들이 교실로 들어오면서 "선생님. A가 이 래라저래라 해요."라고 말했다.

이 말을 들은 A는 큰 소리로 이야기했다.

"너희들 때문이야."

A를 다그치거나 잘못을 지적하기보다는 느낌으로 학급 전체 학생들의 마음을 표현하는 활동을 하기로 했다.

"점심시간에 무슨 일이 있었는지 느낌으로 말해 주세요."

"총사 놀이를 시작했는데, A는 좋아하는 애들하고만 했어요. 내가 말하는데 '응하니', '응하니'라고 했어요. A는 총사를 못하게 했어요. 그래서 화가 나요."

(큰 소리로) "B도 '응하니', '응하니'라고 했어요."

"나도 한 적이 있어요."

"친구들이랑 놀고 있는데 갑자기 A가 줄넘기를 50번 하라고 해서 열받았어요. 불편하고 배려를 안 하는 것 같았어요."

"우리는 술래를 하면서 재미있게 놀고 있었어요. 갑자기 A가 줄넘기를 하라고 했어요."

(큰 소리로) "줄넘기 연습을 안 하니까 하라고 한 거잖아."

"놀고 있을 때 A가 끼어들어서 짜증 나요."

"친구들이 즐겁게 그냥 모여서 놀고 있는데 갑자기 끼어들어서 불편하고 짜증 나고 속상했어요. 불만스러웠어요. 질서, 배려, 공평, 책임, 대화가 필요했어요."

"줄넘기도 없는데 줄넘기를 하라고 해서 불편했어요."

"총사 놀이에서 A가 무섭게 말했어요."

"점심시간에 A가 무서웠고, 힘들고, 서운하고, 싫었고, 얄미웠어요."

"배려, 우정, 자부심, 친밀한 관계가 필요했어요."

"내가 친구랑 놀고 있는데 A가 자기랑 놀자고 친구를 뺏어갔어요. 짜증 났고 배려와 공평이 필요했어요."

"A의 마음을 말해 주세요."

"나도 친구들과 놀고 싶은데 아이들이 자기들끼리만 놀아요."

"그냥 와서 놀면 돼요."

"A는 맨날 규칙을 정해요. 할 때마다 정해요. 자기를 1등이라고 생각해요."

A는 울면서 큰 소리로 고함을 지른다.

"너희들이 계속 규칙을 어기잖아. 너도 교실에서 1등이라고 생각하잖아."

"친구의 이야기를 들어 보고 A의 말도 들을 거에요."

"A는 자기 위주로 생각해요."

"A의 좋은 점을 말해 주세요."

"규칙을 정하는 것은 재미있어요. 그런데 A는 미리 말하지 않고 갑자기 바꿔요. 맨날 바꾸니 짜증 나요."

"같이 놀면 재미있어요."

"규칙을 자꾸 바꾸지 않으면 재미있어요."

"무섭게 말하지 않으면 A와 게임 하는 것이 제일 재미있어요."

"친절하게 말하면 좋아요."

A는 친구들이 말하는 좋은 점들을 듣고는 목소리가 작아지고 얼굴도 편안해지기 시작한다.

"더 할 말이 있나요?"

"우리 반 친구들은 규칙을 미리 말해 주는 것, 배려, 자율성, 재미, 즐거움이 필요하네."

"놀이할 때 우리 반의 약속을 정할게요."

게임을 시작하기 전에 게임 규칙을 미리 말한다.

게임 중간에는 게임 규칙을 바꾸지 않는다.

A는 친구가 판단이나 평가의 말을 하면 고함을 지른다. 느낌이나 욕구로 말할 땐 가만히 있거나 자기 생각을 말한다.

교사는 영향을 준 A의 마음도 공감해 주어야 한다.

던지라고 했는데요

"선생님. B한테 내 가방에 있는 약봉지를 갖다 달라고 부탁했어요. 노는데 갑자기 몸이 안 좋은 거에요. 일어설 수가 없어서 부탁하니 B가 갖다 준다고 해 고마운 마음이 들었는데 B가 내 약봉지를 계단 쪽으로 던졌어요."

"학생 C가 '던져라!', '던져라!', '던져라!'라고 했어요."

"그렇구나. 넌 던지고 싶지 않았니?"

"약봉지를 던질 때의 B의 마음을 말해 주세요. 던지는 것이 재미없었다면 하지 않았을 것 같아요."

(조금 생각을 하더니) "던지고 싶었어요."

"우리 반에서 하는 NVC 대화로 자기 이야기를 하는 거에요. A는 지금 마음을 찾아 주세요. 그 카드를 보고 자기 마음을 이야기하는 거에요. 선생님이 도와줄 거에요.

"(관찰) 놀고 있는데 몸이 안 좋아 일어날 수가 없어서 B에게 '교실에 가서 약봉지를 갖다 줄래?'라고 하니 '그래. 갖다 줄게.'라고 해서 고마운 마음이 있었는데 약봉지를 던져서

(느낌) 놀라고 슬픈 마음이 생겼어요.

(욕구) 나는 내 약봉지가 안전하게 나에게 전해지기를 바라기 때문에

(부탁) 몸이 아파 먹는 약봉지를 소중하게 생각해 주면 좋겠어. 내 말을 듣고 네 생각을 말해 줘."

"B는 A의 마음을 알아주는 활동을 할 거에요. 선생님이 도와줄게요."

"(상대 관찰) 내가 네 약봉지를 던져

(상대 느낌) 놀라고 마음이 슬프구나.

(상대 욕구) 너는 너의 약봉지가 안전하게 전달되기를 바라기 때문에

(상대 부탁) 너는 내가 약봉지를 던지지 않고 소중하게 다루기를 바라니?"

꿈꾼다, 공감 교실

의심하는 것 같아요

평소에 말을 잘하지 않는 K가 A와 대화 모임을 하고 싶다고 한다.

A에게 이 사실을 알리니 대화 모임을 한다고 한다.

"알았어. 수업 마치고 하자."

"선생님. A랑 집에 가기 전에 대화 모임 해야 해요."

"너희들끼리 하고 선생님께 오면 안 되겠니?"

"선생님. A가 대화 모임 안 한대요."

"넌 오늘 중으로 꼭 하고 싶다는 말이구나."

"예."

A에게 K의 마음을 다시 전하니 하겠다고 한다.

"누가 먼저 말할까요?"

(침묵)

이럴 경우는 영향을 받은 친구, 먼저 대화 모임을 요청한 친구부터 대화를 하도록 하는 것이 효과적이다.

"먼저 K의 말을 들어 볼게요. 그다음에 A의 말을 들을게요."

"A는 내가 술래가 아닌데 나를 보고 뛰어가요."

"화가 난 목소리구나. 많이 화가 났구나."

"내가 술래가 아니라고 했어요. 그런데 뛰어(강조)갔어요."

"내가 술래가 아니라고 했는데 뛰어가서 어떤 생각이 들었나요?"

"나를 의심하는 것 같았어요."

"의심한다고 생각해서 기분이 나빴구나. 화가 났구나."

"내가 술래가 아니라고 하는데 A가 C한테 귓속말로 무슨 말을 하는 것이 나를 의심하는 것 같았어요."

"귓속말하는 것을 보고 나를 의심하는 생각이 올라오면서 더 화가 났구나. 더 하고 싶은 말이 있니?"

"없어요."

"A의 이야기를 들어 볼게요."

"B가 나를 잡을까 봐 뛰어갔어요."

"B는 보이지 않았고, 나하고 A하고 이야기하고 있을 때 B가 뛰어갔어요."

"A의 말이 틀렸다고 하고 있어요. A는 K의 말을 듣고 어떤 생각이 드나요?"

(침묵)

"K의 말을 믿어도 되나요? 더 할 말이 있니?"

(편안한 목소리로) "없어요."

"K의 마음을 선생님과 하는 대화 방법으로 말해 볼까요?"

"(관찰) 내가 술래가 아니라고 하는데 A가 C에게 귓속말하고 뛰어갈 때

(느낌) 나를 의심하는 것 같아서 화가 났어요.

(욕구) 난 정직이 중요하고 난 정직한 친구이기 때문에

(부탁) 내가 술래가 아니라고 하면 내 말을 믿어 줘. 내 말을 듣고 네 생각을 말해 줘."

"대화 모임 하고 난 후 지금 마음은 어떤가요?"

"말을 하고 나니 행복하고 통쾌하고 기뻐요."

우리 반 친구들은 놀이를 하고 올라오면 A에 대한 사소한 갈등을 늘 이야기한다. 매일 들을 때마다 교사는 자기 연결 후에 이 활동을 한다. 그렇지 않으면 '또 너야?'라는 생각이 머리로 올라오면 목소리도 커지고 점점 화가 올라오면서 A를 질책하게 된다. A를 질책하게 되면 A와 소통은 불가능해지고 A의 마음을 긍정적으로 움직이기는 더욱 어려워진다.

자연스러운 목소리로 NVC 모델 매뉴얼대로 이야기를 시작하고 마무리를 한다. 이 활동은 대화 모임에 참여한 학생들을 덜 긴장시킨다. A의 마음도 느리지만, 변화를 보인다. 이런 모습을 자주 목격하는 학급의 학생들은 교사를 신뢰하기 시작한다.

교실 밖으로 나가는 학생과의 대화

사례 1

학생 여러 명이 고함을 지른다.

"선생님. A가 집에 가요!"

학생들이 말하는 쪽을 쳐다보니 학생 A가 소리를 지르고 물통을 던지면서 가방을 들고 집에 간다고 한다. 책걸상도 발로 찬다.

(아주 큰 소리로 반복하여) "집에 갈래요."

남학생 4명이 손과 다리를 잡고 못 가게 하고 있다.

"화가 많이 났구나. 누구 때문에 화가 났니?"

강한 감정이 올라왔을 땐 학생에게 낮고 작은 소리로 여러 번 반복하여 말한다.

(아주 작은 소리로) "B요."

"A의 말을 선생님이 다 들어 줄 거야."

A는 행동을 멈추고 선생님을 가만히 본다. 교실 앞에 부착된 낱말 카드를 보고 지금 마음을 찾아오라고 한다. (얼마의 시간이 지나니) 느낌 카드를 보며 말하기 시작한다.

"지금도 안 놀아 주고 1학년 때도 안 놀아 주어 B를 보면 답답하고 짜증 나요. B는 1학년 때 친구 C의 바지도 내렸어요. 그때 나는 서운하고 섭섭했어요. B가 한 일이 계속 생각나요."

B를 불러 물어보았다.

"1학년 때 C의 바지를 내린 적이 있니?"

"아니요."

"C를 불러 확인할까요?"

(다급하게) "했어요."

"지금은 B가 놀아 주지 않아 화가 났어요. 대화 모임은 어떤 내용으로 하고 싶나요? B에게 하고 싶은 말도 하고 사과도 받을 거예요."

"1학년이요. 자꾸 생각나요.

"그러면 자꾸 생각나는 1학년 때 일을 가지고 대화를 할게요. A가 B에게 대화 모델로 솔직한 자기표현을 할 거예요. 선생님이 하는 것을 듣고 하세요."

"(관찰) 1학년 때 B가 C의 바지를 내리는 것을 보았을 때

(느낌) 난 깜짝 놀랐어. 여자가 보아서 깜짝 놀랐어. B에 대해 실망하고 난처하고 서운해. 내 바지를 내릴까 봐 지금도 불안해.

(욕구) 편안하게 학교에 다니고 싶어.

(부탁) 친구들 바지를 내리지 마. 친구들을 보호해 줘. 친구들이 안심하고 다닐 수 있게 친구에 대한 예절을 지켜 줘."

"B가 NVC 모델로 A의 마음을 알아주는 공감 활동을 할 수 있도록 도울 거예요."

"(관찰) 1학년 때 내가 C의 바지를 내리는 것을 보고

(느낌) 넌 깜짝 놀랐구나. 여자가 보아서 깜짝 놀랐구나. 나에 대해 실망하고 난처하고 서운했구나. 네 바지도 내릴까 봐 지금도 불안하구나.

(욕구) 넌 복도, 교실, 화장실 등 학교 안을 편안하게 다니고 싶구나.

(부탁) 넌 내가 친구들 바지를 내리지 않고 친구들을 보호해 주기를 바라니? 친구들이 안심하고 다닐 수 있게 친구에 대한 예절을 지켜주기

를 바라니?"

(선생님 부탁) "B야. A는 너랑 놀기를 바라. 네가 놀아 주지 않아 지금 화가 났대. 네 생각을 말해 주겠니?"

A가 가끔 B를 툭툭 치면서 간 이유를 이해한 하루다. 자기표현의 욕구가 충족되지 않았을 때 학생들은 울거나 고함을 지르곤 한다. 특히 A는 자기표현이 빨리 되지 않는 학생이다. 언어표현이 잘 안 되니 고함을 지르거나 울거나 가방을 메고 집에 간다는 행동을 함으로써 선생님과 친구들의 관심을 끈다. A는 자기 말을 귀담아서 들어 주고, 자기가 하고 싶은 말을 하고, 친구들이 정직하게 인정하면 화를 내지 않는다.

A와 다음과 같이 약속했다.
가방을 메고 집에 가기 전에 선생님께 말하고 그래도 계속 집에 가야겠다는 생각이 나면 부모님께 전화하고 간다.

A는 대화 모임이 익숙지 않은 학년 초에는 몇 번 가방을 메고 집에 간다는 행동을 했다. 그러나 지속해서 NVC 대화로 마음 풀기 시간을 갖고 나서부터는 화가 나면 담임 교사에게 말한다는 약속을 지킨다. 이 학생과 NVC 대화를 할 때는 호흡을 세 번 하고(교사) 자기 공감을 한 후 매뉴얼대로 하는 것이 효과적이다.

A는 누가 뒤에서 치거나 체육 공놀이 활동 중에 머리를 맞으면 두 주먹을 불끈 쥐고 그 자리에서 고함을 지른다. 그 상황에서 도움을 받지 못하면 실내화를 벗어서 던지려는 행동을 한다. 바로 던지지는 않는다. 그 순간에 "안 돼! 하지 마!"라는 말을 한다거나 A의 마음을 알아주지

않으면 실내화를 던지거나 옆에 책걸상이라도 있으면 발로 넘어뜨린다.

A에게 "억울하겠구나. 누구랑 말하고 싶니?"라고 하면 손에 있는 물건을 내려놓는다. 이 학생을 지도하려면 담임 교사의 관찰이 중요하고 꼬리표를 달지 않고 그 상황에서의 일만 가지고 느낌과 욕구를 찾아 주는 활동이 필요하다. A는 문제 상황을 이해하는 속도도 느리기 때문에 그 상황에 적절한 담임 교사의 말 한마디가 매우 중요하다.

친구들과 다른 학년 학생들은 A가 화내는 모습만 많이 본다. 담임 교사는 학생의 행동과 말 뒤의 욕구뿐만 아니라 다른 많은 것을 관찰하고 볼 수 있어야 한다. A는 소리에도 민감하다. 교실에 파리 한 마리가 들어오기만 해도 불안해한다. 이런 날은 파리를 잡거나 교실 밖으로 내보내고 수업을 진행한다.

대화 모임에 초대하여 A와 이야기를 하고 있으면 '참 정직한 아이구나.', '상대방의 표정, 목소리까지 섬세한 감정을 알아차리는 아이구나.'라는 마음이 올라온다. 상황극을 하는 활동에 적극적으로 참여할 뿐만 아니라 감정을 표현하는 몸짓, 표정, 목소리 톤이 섬세하다.

A는 수업 시간에 앉아 있는 모습이 지나치게 자유스러워 친구들은 A가 공부도 못하고 딴짓만 하는 친구로 생각하는 듯하다. 학년 초에 A가 어떤 학생인지 관찰한 내용이 부족했던 시기에 수업할 때의 일이다. 수업 중 A의 행동 때문에 친구들은 A가 자기 순서인데도 발표하지 않을 거라고 지레짐작하고 그다음 번호가 발표했다. 그 순간 A가 "꽉!" 하고 고함을 질러 발표를 한 친구가 놀라고 당황하여 눈물을 보였다. 이런 상황에선 교사는 두 학생 모두를 공감해 주어야 한다.

(두 학생 공감하기) "A가 많이 하고 싶구나. (3번 정도 반복하여 말한다) 선생님과 친구들은 몰랐네. 지금 책상 위를 보세요. '난 공부가 하기 싫어.' 그런 모습인데. 친구들은 A가 언제 하고 싶은지 몰라요. 하고 싶을 땐 책도 내고 손을 들어 주세요. 친구는 A가 안 할 줄 알고 한 거예요. 지금 고함을 질러 친구가 놀라고 당황했어요. 그리고 눈물을 흘려요. A가 평소에 발표를 하지 않아 순서대로 한 거예요. 잘못한 것도 없는데 A가 화를 내니 친구가 놀라고 서운한 거예요. A가 하고 싶을 땐 미리 손을 든다든지 신호를 보내 주세요. 그러면 도움이 돼요."

교사는 조금 더 자세하게 기록하면서 A를 관찰할 필요가 있다. 어떤 것에 관심이 있는지, 어떤 상황에서 분노하는지를 관찰하여 반복되는 행동의 패턴을 찾아내면 학급 경영을 하는 데 도움을 받는다.

A는 선생님의 설명과 질문을 자유로운 행동으로 듣고 있다가 할 수 있는 것에는 적극적인 반응을 보인다. 동물 이름 맞추기, 동물 흉내 내기, 느낌을 행동으로 표현하기, 상황극 하기, 퍼즐 맞추기 등에 관심을 보여 이와 관련된 수업이 있는 시간은 A의 섬세한 표현력이 빛나는 순간이기도 하다.

A는 동물 이름 맞추기 활동에서 펭귄의 다양한 모습을 표현하여 학급 친구들이 감탄한 적이 있다.

교사는 A의 긍정적인 모습을 학급 친구들이 보도록 하는 것도 중요하다.

이 일이 있고난 뒤 A는 발표를 하고 싶으면 손을 번쩍 든다.

사례 2

학생 여러 명이 고함을 지른다.

"선생님. A가 집에 가요!"

복도로 달려나가니 복도 끝에서 A가 가방을 메고 뒤도 돌아보지 않고 가고 있다. 그 뒤로 우리 반 남학생 4명이 쫓아가서 잡아도 뿌리치거나 발로 찬다. 교실에 A 정도의 학생이 두세 명 더 있고 바로 4교시 수업이 있어서 계속 달려가지 못했다. 전화로 배움터 지킴이께 먼저 연락해 도움을 청했으나 A가 뿌리치고 학교 밖으로 나갔다고 알려 주신다. 즉시 학부모, 교감 선생님께 전화해 도움을 청했다. 교감 선생님은 A가 학교 밖으로 나가 돌아오지 않고 집으로 갔다면 주소를 보고 찾아가시겠노라 하신다. 조금 안심이 되어 계속 수업을 진행했지만, 걱정이 되고 불안하다.

교실에 있는 학생들을 보고 물어보았다.

"3교시 체육 시간에 무슨 일이 있었니?"

여러 학생이 손을 든다.

"선생님. 제가 무슨 일이 있었는지 알아요."

"앞으로 나와서 작은 소리로 말해 주세요."

(작은 소리로) "A가 강당 조명들을 다 껐어요. 그래서 체육 선생님이 '왜 조명을 끄니?'라고 하니까 강당 문을 발로 쾅 차고 문을 쾅 닫고 갔어요."

여러 아이가 비슷한 말을 한다.

"아직 선생님이 A의 말을 듣지 않았으니 A의 말을 들어야 알 수 있을 것 같구나. 이야기해 줘서 고마워."

G가 손을 든다.

"할 이야기가 있니? 앞으로 나와서 해 주세요."

"체육 수업이 끝나고 줄넘기 줄을 정리할 때 A가 조명을 꺼도 되냐고 물어서 제가 된다고 말했어요. 제가 된다고 해서 A가 불을 껐어요. 제가 잘못했어요."

"조금 늦었지만 정직하게 말해 줘서 정말 고마워. 나중에 A가 오면 대화 모임 할 수 있겠니?"

"예."

4교시 수업이 끝날 무렵 교감 선생님이 A의 손을 잡고 교실로 왔다. 수업 중이었지만 A의 마음 풀기부터 했다.

(A를 보며) "억울한 일이 있었네. '선생님께 말하기' 약속을 기억하지 못했구나. 방학 끝나고 오랜만에 오니 깜빡한 듯해요. 이야기하세요."

(아주 작은 소리로) "제가 잘 믿어요. G도 믿고요."

"G를 믿고 조명등을 껐는데 선생님이 알아주지 않아 억울했다는 말로 들리네. 넌 네 마음대로 조명을 끈 것이 아니고 G가 *끄라*고 해서 껐다는 것을 알아주기를 바라죠? G가 정직하게 선생님께 말했단다. G가 조명을 *끄라*고 해서 A가 껐다고. 사과 대화 모임을 할 거예요. G가 사과 대화 모임을 하겠다고 했단다. 들어 보세요."

A는 G를 바로 보지 않고 고개를 돌린다. 눈도 마주치지 못한다. G의 목소리를 듣도록 친구를 보도록 한다.

G가 상대 마음 읽기를 할 때 교사는 듣고 있다가 도움을 준다(상대 공감하기).

"(상대 관찰) 네가 나한테 조명등 꺼도 되냐고 물어서 내가 된다고 해서 네가 불을 껐어. 선생님께서는 이 사실을 모르시고 불을 왜 *끄니*?'라는 말을 할 때

(상대 느낌) 넌 억울하고 화가 나 강당 문을 쾅 닫고 교실로 갔구나.

그리고 가방을 메고 집으로 간다고 하며 나갔구나.

(상대 욕구) 넌 내가 정직하게 말해 주기를 원했구나."

이 말을 들은 A에게 마음이 어떤지 물었다. 대답하지 않고 가만히 있다. G의 말이 사실이 아니고 거짓이면 "꽉!" 하고 고함을 지를 텐데, 가만히 듣고 있는 걸 보니 마음이 풀린 듯하다.

"A야. 마음이 더 화가 나요? 아니면 화가 나지 않고 편안해요?"
"화가 나지 않아요. 좋아요."

"선생님이 부탁할게요. 화가 나면 선생님과 대화를 하고 가는 거예요. 자기에게 부탁해 보세요."

(자기에게 부탁) "화가 나면 꼭 선생님께 말을 한다. 선생님이 교실에 계시지 않을 땐 기다려야 해. A야." 3번 반복한다.

점심시간에 A는 친구들과 흥분을 할 정도로 즐겁게 게임도 하고 놀고 있다.

학부모님께 A의 행동을 다 알려 준다는 것은 담임으로서 부담스러운 일이다. 학부모의 마음을 헤아리며 꼭 알려야 할 일이 생길 때 A에게 알린다는 것을 전한다. A가 부모님께 알리는 것을 싫다고 한다거나 긍정적인 약속을 할 때는 A의 말을 따른다. 그 약속이 여러 번 지켜지지 않을 때 A를 옆에 두고 학부모와 통화를 한다.

학교 밖 또는 교실 밖으로 나가는 A의 상황을 늘 기록하면서 A가 나가는 경우는 자기 마음을 알아주지 않을 때, 피곤하고 지칠 때이며, 그럴 때는 도서관에 가서 만화책을 읽는다는 공통점을 찾아내고 A에게 학교 밖의 도서실에 가지 말고 학교 도서실을 이용해 달라고 부탁하였다.

나를 때릴 거야

돌봄 교실에서 C가 D의 머리를 때렸다고 한다.

"왜 머리를 때렸니?"

"대화 모임 할래요."

C는 사소한 갈등 상황에서 친구나 교사가 대화 모임을 하자고 하면 두 손으로 머리를 감싸 쥐면서 교실 구석으로 가서 쪼그려 앉아 있곤 했다.

오늘은 용기를 내어 C가 대화 모임 자리에 왔다. 그 용기를 지지하고 싶었다.

"C의 말을 다 듣고 D의 말을 듣기로 할게요."

"D가 내 실내화를 화장실에 숨겼어요. 돌봄 교실의 체육 수업을 마치고 강당에서 내려오는데, D가 때리려고 뒤따라 왔어요."

"C가 먼저 실내화를 던졌어요. C를 때리지 않았어요."

"나는 D가 내 뒤를 따라와 나를 때릴 거라고 생각했어요. 그래서 D의 실내화를 던졌어요."

(바꾸어 말해 주기) "때리지 마! 나에게서 떨어져!'라는 신호를 보냈니?"

"예."

"무슨 생각이 났을까요?"

"D는 때리면서 말해요. 그리고는 좋아서 그랬다고 해요. 나는 그게 싫어요. D는 1학년 때 나를 뒤따라 오더니 갑자기 내 바지를 벗겼어요. 나는 그게 계속 생각나서 D가 뒤를 따라오면 싫어요."

"'싫다'를 다른 느낌으로 말한다면 뭘까요."

"D가 무섭고 괴로워요."

"우리 반 대화 모임 활동으로 C의 마음을 D에게 전해 보세요. 선생님이 도울게요."

"(관찰) 나는 D가 내 뒤를 따라오면 D가 때릴 것 같아 때리지 말라고 실내화를 던졌다. D는 나를 때려 놓고 좋아서 때렸다고 한다. 1학년 때는 갑자기 내 뒤를 따라오더니 내 바지를 내린 적이 있는데, 그 기억이 나면서

(느낌) 무섭고 괴롭다.

(욕구) 나는 학교에서 안전하게 다니고 싶기 때문에

(부탁) D가 내 뒤에 오지 않았으면 좋겠고, 1학년 때 일은 사과받고 싶어."

"C는 1학년 때 일이 자꾸 생각난다고 해요. D가 C의 마음을 알아주는 공감 활동을 할 거예요. 선생님이 도울게요."

"(관찰) 1학년 때 네 뒤를 가다가 바지를 내린 적이 있는데 그 기억이 자꾸 나면서 내가 네 뒤에 있으면 내가 너를 때리거나 바지를 내릴까 봐

(느낌) 너는 무섭고 괴롭구나. 너에게서 멀어지라고 내 실내화를 던졌구나.

(욕구) 너에게서 멀어지라고 내 실내화를 던졌구나. 너는 학교에서 안전하게 다니고 싶기 때문에

(부탁) 내가 네 뒤를 따라가지 않기를 바라니? 내가 네 앞으로 가기를 바라니?"

C는 1학년 때 사과받지 못했던 사소한 갈등이 지금 한 공감 활동을 통해 마음이 내려갔다고 한다. D는 이런 과정을 통해 C의 마음을 충분히 이해하고 진심으로 사과한다. 이 활동 후 C는 D를 두려워하지 않고 "싫어."라는 표현을 했다고 알려준다.

꿈꾼다, 공감 교실

A가 하자고 했는데요

방과 후에 보건 선생님께서 "A와 여러 명의 학생이 도서실에서 심하게 떠든다."라고 전화로 알려 주신다.

아이들을 불러 대화 모임을 시작한다.

"책상 밑에 숨고 위를 뛰어다니면서 좀비 놀이를 했어요."

"A가 하자고 했는데요."

"내가 언제? 너도 하자고 했잖아!"라고 쩌렁쩌렁 교실이 떠날 듯 A가 고함을 지른다. 옆에 서 있던 학생들이 움찔한다.

"도서실에서 좀비 놀이하자고 했을 때 너희들은 하기 싫었나요?"

아이들 세 명은 아무 말도 하지 않는다.

"좀비 놀이를 하자고 할 때 어떤 마음이 있었는지 찾아보세요. 찾은 느낌 카드를 가지고 이야기해 볼까요? 선생님이 들려주는 말을 잘 듣고 아닌 것을 말해 주세요."

NVC 대화 모델로 들려준다.

"(관찰) A가 도서관에서 뛰고 달리는 좀비 놀이를 하자고 할 때
(느낌) 심심하고 지루했는데 재미있겠다는 생각이 들었어요.
(욕구) 우리 모두의 재미와 즐거움을 위하여 도서관 규칙을 어기고 뛰어놀았어요. A가 하자고 했을 때 재미가 있을 것 같아 우리 스스로가 선택하여 놀았어요.

(자신에게 부탁하기) (자기 이름을 부르며) 다음에 A가 도서관에서 좀비 놀이를 하자고 하면 규칙을 어기는 행동이기 때문에 하지 않기를 바라. 도서관은 책을 읽는 곳이야."

학생 4명의 욕구가 같았고, 이 상황에서 좀비 놀이를 선택한 것은 자신임을 알게 한다.

○ NVC 대화로 회복된 생활 교육 요소
① 자발적 책임 회복: A가 먼저 도서실에서 좀비 놀이를 하자고 해서 했을 뿐이다. 그러나 A만 잘못한 것이 아니다. 규칙을 어긴 행동들은 내가 하고 싶어서 선택한 것이다.
② 관계 회복: 좀비 놀이를 한 것은 자신이 선택하여서 한 것임을 알고 관계가 회복된다.

자신의 행동과 느낌, 생각에 대한 책임을 깨닫지 못하면 우리는 위험한 존재가 된다.

-『비폭력 대화』中

난 도둑이 아니야

월요일 아침, 등교 시간에 학교에 오자마자 여학생 A가 여학생 B를 보며 물었다.

(아주 높은 소리로) "B야. 네가 내 우산 갖고 갔어?"

(놀란 소리로) "아니."

"금요일 날 네 것만 남아서 내가 갖고 갔어. 네가 내 걸 가지고 간 것 아니야?"

(소리 내어 울면서 큰 소리로) "아니야. 내 걸 가지고 갔어. 난 도둑이 아니야."

"'난 도둑이 아니야.'라고 말할 때 어떤 생각이 나서 눈물이 나왔니?"

"나를 의심하는 것 같았어요."

"두 사람의 마음을 알아볼게요. B의 마음부터 알아볼게요."

"(관찰) '네가 내 우산 가지고 갔어?'라고 큰 소리로 말할 때

(느낌) 나를 도둑으로 의심하는 것 같아 화가 났어.

(욕구) 나는 정직하기 중요하기 때문에

(부탁) 나는 친구의 물건을 가져가지 않는다는 것을 알아줘."

"A의 마음을 말해 주세요."

"(관찰) 네가 '난 도둑이 아니야.'라고 할 때

(느낌) 깜짝 놀랐어. 나는 그냥 내 우산과 네 우산이 바뀌었나 하는 생각에 물어본 건데.

(욕구) 나는 너랑 잘 지내기를 바라기 때문에

(부탁) 너를 도둑으로 의심하지 않았다는 것을 알아줘. 내 말 듣고 네 생각을 말해 줄래?"

착한 친구예요

G가 오후 3시경에 교실 문을 열고 "선생님." 하고 부른다.

"C가 이름 가지고 놀려요."

고개를 옆으로 살짝 돌리고 몸을 꼬며 작은 소리로 말한다.

"누구랑 대화하면 될까?"

(아주 작은 소리로) "웃으면서 C가 했어요. 웃으면서 해서 더 얄미워요."

학생 C를 보며 G에게 물었다.

"웃을 때 무슨 생각이었니?"

"놀린다."

"G를 왜 놀렸을까?"

(침묵)

"G는 어떤 친구니?"

"욕도 안 쓰고 친구를 때리지 않는 착한 친구예요."

학생 G의 학교생활을 관찰한 담임으로서, 문제를 추측하기가 쉽다.

"놀려도 널 때리지 않을 것 같아서 그랬니?"

(끄덕)

"문장으로 들려줄게요. '나는 학생 G를 놀려도 때릴 것 같지 않아 웃으면서 ○○이라고 했어요.', '착하게 사는 사람은 놀림을 받아야 한다.'"

(크게 고개를 저으며) "아니에요. 친절하게 해야 해요."

"우리 반 대화 모임 모델로 친구의 마음을 알아주자. 선생님이 도와줄 거예요. C의 마음과 다르면 이야기하세요. 선생님이 두 문장을 줄 거예요. 듣고 싶은 문장을 선택하세요."

① "학생 G야. 내가 네 이름을 가지고 놀릴 때 너는 화나고 열 받고

속상했구나. 지금 나는 후회해. 미안해."

② "엄마, 아빠가 사랑하는 마음으로 지은 네 이름을 가지고 놀려서 너는 화나고 열 받고 속상했구나. 나는 지금 후회되고 미안해."

교사가 문장화한 공감 문장 ②를 학생 G가 듣고 싶은 말로 선택한다.
학생 C가 이 문장을 읽으면서 눈물을 흘린다.
(바꾸어 말해 주기) "학생 G의 슬픈 마음이 느껴지나요?"
(끄덕끄덕)
"사과해 줘서 고마워."

이 활동 후 G는 같은 행동을 하지 않는다.

내 휴대폰을 부쉈어요

A가 방과 후에 교실로 와서 말했다.

"B가 내 휴대폰도 부수고 무릎도 다치게 했어요."

옆에는 C가 있다.

"보건실에는 가 보지 않았니?"

평소 같으면 보건실부터 갈 학생인데, 의아했다.

"예. 바로 교실로 왔어요."

"A는 조금만 아파도 보건실로 가지 않았니? B는 어디 있니?"

"돌봄 교실에 있어요."

돌봄 교실에 있는 B보고 A랑 대화 모임 하자고 하니 머리를 잡고는 하지 않을 거라고 하면서 이마를 책상에 찧고 있다.

"서로 이야기를 해 보면 선생님이 도움을 줄 거예요."

계속 두 손으로 머리를 감싸고 울고 있다.

"싫어요. 안 할 거예요."

"무슨 일이 있었는지 여기서 말해 주렴."

"싫어요."

"지금 행동은 B가 잘못했다는 것처럼 보여요. 이야기를 해 보면 아닐 수도 있어요. 휴대폰이 부서졌다고 하는데 무슨 일이 있었는지 말해 줘야 선생님이 도움을 줄 수 있단다."

계속 울기만 하고 교실로는 오지 않을 거라고 한다.

"A랑 먼저 이야기하고 있을 테니 마음이 진정되면 오세요."

A와 대화를 시작했다.

"A는 무슨 일이 있었는지 말해 주세요."

"1층 신발장에서 B가 이상한 걸 먹고 있길래, B를 생각해서 먹지 말라고 했는데 잡으러 왔어요. 잡으러 오길래 도망가다가 넘어져 휴대폰도 깨지고 다리에도 피가 났어요."

옆에 있었던 친구인 C에게 물었다.

"C는 뭘 봤니?"

"A가 도서실에서 나오는데 B가 A를 잡으러 따라가는 것과 A가 넘어져 무릎에서 피가 나는 것을 보았어요."

"휴대폰은 없었니?"

"휴대폰은 보지 못했어요."

"휴대폰은 큰 물건인데 왜 C는 못 봤을까요? 선생님은 난감하구나."

A는 말을 바꾼다.

"휴대폰은 가방 안에 있었어요."

"가방 안에 있었다면 휴대폰이 원래 깨져 있었는지 아닌지 모르겠구나. 정말 곤란하구나."

A가 휴대폰을 꺼내더니 "여기까지는 깨져 있었고, 여기까지는 B가 밀어서 깨졌어요."라고 말했다.

"한 번 더 있었던 일을 말해 주겠니?"

"B가 병에 있는 줄을 물고 있길래, B가 몸이 아플 것 같아서 먹지 말라고 했는데 '씨이.'라고 하면서 나를 잡아당겨 주머니에 있던 휴대폰이 떨어져서 깨졌어요."

"휴대폰이 호주머니에서 밖으로 나왔나요?"

"휴대폰이 들어가 있었는데 B가 잡아당겨 넘어지면서 휴대폰이 쏙 빠졌어요."

"아까는 B를 생각해서라고 하고, 지금은 아플 것 같아서라고 하는구나. 그리고 가방에 휴대폰이 있었다고 했는데 지금은 호주머니에서 나왔다고 하는구나."

(관찰로 들려준다) "도서실에서 학생 B가 병에 있는 줄을 물고 있길래 먹지 말라고 했다. 학생 B가 '씨.'라고 하면서 나를 잡아당겨서 돌에 부딪혀 넘어졌다. 무릎에서 피가 났다."

"여기까지는 내용이 맞나요?"
"네."
"휴대폰이 어디 있었는지 다시 말해 줄래요?"
"휴대폰은 엄마한테 전화하려고 손에 쥐고 있어서 같이 넘어졌어요."
"이번에는 휴대폰이 손에 있구나."

(관찰로 다시 들려준다) "도서실에서 B가 병에 있는 줄을 물고 있길래 먹지 말라고 했다. B가 '씨.'라고 하면서 나를 잡아당겨서 돌에 부딪혀 넘어졌다. 무릎에서 피가 났다."

"휴대폰이 어디 있었는지, 휴대폰이 넘어지면서 깨졌는지 확실하지 않아 뺄게요."
(이어서 계속 들려준다) "B의 말을 아직 듣지 못했어요. B에게 A의 말을 내일 들려주고 다시 대화할게요. 통화되는지 확인도 할 겸 엄마한테 오늘 있었던 일을 여기서 알리세요. 선생님은 B의 엄마에게 전화할게요."
B의 이야기를 들으려고 했으나 B는 머리를 책상에 대고 어깨까지 들썩거리며 운다. B에게, "엄마한테 B의 마음과 A에게서 들은 말만 전할게요. 내일 말하고 싶으면 하도록 하세요."라고 전하고 B를 돌봄 교실에서 쉬도록 한다.

다음 날 아침이 되었다.

A가 앞으로 나오더니 말했다.

"휴대폰 화면이 흐려요."

"선생님은 전에 화면을 보지 않아 뭐라고 말하기 힘들구나. B랑 대화를 나눈 뒤 이야기해 보자."

(B를 보며) "왜 말하지 않고 집에 갔니?"

"무서워서요."

"무엇이 무서웠니?"

"내가 A의 무릎에서 피가 나게 했고 휴대폰도 부서졌다고 해서 무서웠어요. 야단을 들을 것 같았어요."

"A를 다치게 하고 휴대폰을 부쉈다고 해서 무서웠구나. 야단을 들을 것 같아 무서웠구나."

"야단을 들을 것 같아서 무섭진 않았고요. 내가 A를 다치게 하고, 휴대폰이 부서졌다고 해서 무서웠어요."

B에게 A가 말한 사실을 말해 주니 "아니에요!"라고 덤벼들 듯 말하면서 틀린 곳을 수정해 준다. B한테 이야기를 듣고 다시 A에게 B의 이야기를 들려준다.

"도서실에서 B가 병에 있는 줄을 물고 있길래 먹지 말라고 했다. B가 '씨.'라고 하면서 A를 잡아당겨서 A는 돌에 부딪혀 넘어졌다. A 무릎에서 피가 났다. A는 휴대폰이 어디 있었는지는 확실히 모르고, 휴대폰이 원래 깨져 있었는데 더 깨졌는지도 확실하지 않다."

(B가 다시 수정한 내용) "1층 복도에서 A는 B가 자기 병에 있는 줄을 물고 있길래 먹지 말라고 했다. B는 줄을 입에 물고 개가 '크크' 하는 소리를 내면서 A를 잡으러 간다. A는 돌에 부딪혀서 넘어진다. A 무릎에서 피가 난다. A의 휴대폰은 보지 못했다."

꿈꾼다, 공감 교실

A, B에게 확인한 후 수정한 내용으로 관찰 명료화했다.

"B가 가만히 물을 먹고 있고, A가 먼저 물을 먹지 말라고 말을 걸었다. 1층 복도에서 A는 B가 병에 있는 줄을 물고 있길래 먹지 말라고 했다. B는 줄을 입에 물고 개가 '크크' 하는 소리를 내면서 A를 잡으러 갔다. A가 도망가다가 돌에 부딪혀 넘어졌다. A 무릎에서 피가 났다. A의 휴대폰은 보지 못했다. A는 휴대폰을 가방에서 꺼내 손에 쥐고 있어서 같이 넘어졌다. 손안에 휴대폰이 있었다. 휴대폰이 그 순간 깨졌는지는 알 수 없다."

정리해서 들려주니 A가 휴대폰이 원래 조금 깨져 있었는데 조금 더 깨졌다고 말한다. "선생님과 B는 깨진 휴대폰을 보지 않았기 때문에 더 깨졌는지는 알 수 없다."고 정리했다.

이 사례는 관찰을 찾아가는 것이 중요하다. 대화 후 NVC 모델로 솔직한 자기표현하기 지도를 한다.

"B가 먼저 자기 마음을 표현해 주세요. 틀린 것이 있을 땐 A가 말해 주세요."

"(관찰) 내가 가만히 물을 먹고 있었고, A기 먼저 물을 먹지 말라고 말을 걸었다. 나는 '크크' 하는 소리를 내면서 A를 잡으러 갔다. A가 넘어지면서 돌에 부딪혀서 무릎에서 피가 났다. A의 휴대폰이 깨졌다는 말을 들었을 때
(느낌) 내가 A를 다치게 하고, A의 휴대폰이 부서졌다고 할 때 너무 무서웠다. 나는 내 머리를 책상에 대고 운 뒤 대화 모임을 하지 않고 집으로 갔다. 휴대폰을 나는 보지 못했는데 휴대폰이 깨졌다고 해 궁금하

기도 하고 억울하기도 하다.

(욕구) 나는 내 일을 스스로 알아서 하고 싶기 때문에

(부탁) 1층 복도에서 내가 물을 마시든 말든 네가 상관하지 말았으면 좋겠어. 내 말을 듣고 네 생각은 어떠니?"

이 활동에서 가장 중요했던 것은 즉시성이었다. 물건이 깨지는 일이 있을 땐 학부모와의 갈등이 심화될 수 있다. 학생의 이야기를 바로 그 자리에서 듣는 것이 중요하다. 대화하는 가운데서 관찰을 찾아가는 과정에 몰입해야 한다. 교사는 학생들과 마주할 때 학생에 대해 미리 판단하지 않고 학생의 말에 귀 기울이면서 관찰을 찾아가는 것이 도움이 된다. 학생에 대한 판단이 생기고 화가 올라온다면 대화 모임 하기를 멈추라고 권하고 싶다. 교사의 마음이 평화로워야 학생에게 상처를 주지 않으면서 대화할 수 있다.

자신이 잘못한 것 같다는 생각이 들면 학생들은 대화 모임을 하지 않으려고 한다. 한 학생이 끝까지 말을 하지 않는다면, 다른 학생이 말한 내용을 바탕으로 만든 관찰 문장을 말하지 않은 학생에게 들려준다. 내용이 바르지 않으면 학생은 "아닌데요." 등으로 강한 반응을 보이면서 문장을 수정하는 적극적인 모습을 보인다.

안 했는데요

오후 3시 10분경에 B가 뒷문을 연다.

"B는 선생님의 도움이 필요한 것처럼 보이네."

(힘없는 목소리로) "5학년 형이 내 이름은 ○○인데 △△이라고 해요."

(5학년을 보며) "우리 반 학생이 '△△아.'라고 놀렸다고 도움을 청하네."

"안 했는데요."

"우리 반 학생은 했다고 하니 확인만 하고 싶은데 넌 어떠니?"

"안 했는데요."

"선생님과 대화하기 싫다는 뜻으로 들리는구나. 우리 반 학생이 많이 슬퍼하면서 도움을 청하니, 대화하는 것이 좋을 것 같아. 너도 할 말을 다 하면 되고, 네 생각은 어떠니?"

(몸을 흔들며) "예."

"우리 반 학생을 데리고 와서 5학년 교실에서 이야기할까? 아니면 네가 우리 반에 와서 이야기할까? 아니면 다른 장소에서 만나서 할까?"

"3학년 교실에서 이야기할게요."

"나는 3학년에게 장난을 던졌거든요. 시끄럽게 해서 화가 나서 그랬어요."

(아주 작은 소리로) "나만 떠들지 않았어요. 다른 아이들도 떠들었는데 형이 나를 보면서 말했어요."

"아까는 안 했다고 했는데 너의 생각은 어떠니?"

(침묵)

"침묵하고 있다는 것은 했다는 의미로 생각해도 되겠니?"

(가만히 있다)

"느낌 카드를 찾아서 가지고 오세요."

"형은 장난을 던졌다고 해요. 던진 장난을 3학년이 어떻게 받았는지 볼게요."

(B가 갖고 온 카드를 보며) "불편하고 속상하고 슬프고 마음이 무겁다고 하네요. 우리 반 대화 모델로 해 볼게요. 3학년 학생의 마음을 먼저 알아볼 거예요. 형은 동생의 마음을 알아볼 거예요."

"너는 '△△아.'라고 해서 불편하구나."
"너는 '△△아.'라고 해서 슬프구나."
"너는 '△△아.'라고 해서 아이들이 들을까 봐 놀랐구나."
"너는 '△△아.'라고 해서 마음이 무겁구나."
"너는 '△△아.'라고 해서 속상하구나."

"형의 마음을 알아볼게요."
"나는 아이들이 시끄럽게 해서 화가 났어요. 그래서 B에게 장난으로 '△△아.'라고 했어요."

선생님의 지도를 받아 상대 공감 매뉴얼대로 진행한다.

"(관찰) 형인 내가 (자기 이름 석 자를 말하도록 한다) 너에게 '△△아.' 라고 말해서
　(느낌) 너는 불편하고 슬프고 놀라고 마음이 무겁고 속상하겠구나.
　(욕구) 생각지도 않은 이름이기 때문에(예측 가능성)
　(부탁) 형인 내가 네 이름을 바르게 불러 주기를 바라니?"

○ NVC 대화로 회복된 생활 교육 요소
① 피해자(영향을 받은 학생)의 회복: 이름은 부모님께서 사랑하는 마음으로 작명한 것이다. 이름을 가지고 놀리는 것은 존재감마저 흔들리게 하는 것이다. '왜 우리 부모님은 놀림을 당할 만한 이름을 지어 나를 힘들게 하나?'라는 느낌이 들 수 있다.

이름이 이상해서 놀리는 것이 아니라 고학년 형의 문제라는 것을 알게 되어 마음이 평화로워진다.

② 자발적 책임 회복: NVC 대화를 하는 과정에서 스스로 거짓말을 했다고 인정한다. 내가 한 행동과 말을 알아차리고 상대의 마음을 공감하는 활동을 통해 진심 어린 사과를 한다.

B는 친구에게 "싫다.", "하지 마."라는 말을 하지 않는다. 친구들에게 늘 양보한다. "나는 괜찮다."라고 말한다. 학년 초에는 늘 고개를 숙이고 다니고 표정도 어두웠다. B가 교실 문을 살짝 열고 "선생님." 하고 기운 없는 목소리로 부르면 "선생님의 도움이 필요하구나." 하고 문 가까이 먼저 다가가 B를 반갑게 맞이한다. B의 이야기를 듣고 공감해 준다. 마음이 불편한 것을 선생님께 말해 준 것에 대해 칭찬한다. 그 뒤로 B가 "선생님." 하고 부르면 얼굴에 미소를 띠고 먼저 다가간다. B가 언젠가는 마음의 힘을 키워 스스로의 목소리로 친구에게 화도 내고 거절도 할 것이라고 믿으면서 B를 맞이한다.

학년 초 체육 시간에 공놀이할 때도 다른 친구들이 "B야. 공 좀 나한테 줘."라고 하면 던지지 못하고 친구한테 주던 B였다.

"B야. 네가 던져야 재미도 있고 실력도 늘지?"

"난 괜찮아요."

NVC 대화를 한 후 B는 천천히 변화를 보인다. 학년 초에는 "B야. 친구들을 배려해서 목소리를 높여 주겠니?", "소리가 너무 작아서 들리지 않아요. 더 가까이 와서 말하세요."라고 종종 말해 주어야 했던 B였다.

16개월 NVC 대화를 한 지금 B는 중저음의 편안한 소리로 발음도 정확하게 또박또박 책을 읽고 발표도 하여 학급 담임 교사의 마음 안에서 기쁨의 미소가 가득 번지게 만들어 준다.

(책을 읽고 난 후) "다람쥐 세 마리가 도토리 한 개를 주웠어요. 어떻게 나눠 먹으면 될까요?"

"도토리 한 개는 나눠 먹을 수 없으니 버리는 것이 좋아요."

"똑같이 나누어서 먹으면 됩니다."

"4개로 나눠 한 개씩 먹고 나머지는 가위바위보 해서 이긴 사람이 먹습니다."

(B가 제안한 내용) "도토리 한 개를 나누려면 힘들기 때문에 모아서 많아지면 나누어 먹습니다."

반 친구들이 B의 의견이 좋다고 동의를 많이 한다. B의 얼굴이 밝아지는 것을 본다. 지금도 B는 커진 목소리로 발표하고 의견을 내며 책을 읽고 있다.

B가 상을 받는다는 연락을 듣고 학생들에게 이 사실을 알렸더니, S가 날카로운 목소리로 "B가 편지 쓰기 상을 받는대.", J는 "와우!", C도 "와우!"라고 한다. B의 얼굴이 일그러지려고 한다.

학급 담임 교사는 B가 상 받는 것을 축하하는 시간을 가진다.

"B가 상을 받았다는 말을 들으니 부럽습니다. 저도 잘해서 받고 싶습니다."

"B가 상을 받아 자랑스럽습니다."

학급 친구들의 축하 한마디를 다 들은 후 B는 행복하고 기쁘다고 한다.

웃기려고 그랬어요

방과 후, C가 급하게 교실로 와 형들이 다문화 학생 ○○를 괴롭힌다고 한다. 얼른 방과 후 교실로 가 보니 5학년 학생이 서서 앉아 있는 ○○를 향해 뭐라고 말하고 있다.

"우리 교실로 가서 대화 모임을 하려고 하는데 어떠니?"

"3학년이 먼저 까불었다고요."

"선생님은 두 사람의 이야기를 다 들을 거예요. 끼어들지 말고 서로의 이야기를 다 들으세요. 듣고 자기 생각을 말해 주세요. 누가 먼저 말할까요?"

"3학년부터 말해도 될까요."

"왜 사 먹느냐고 했어요."

"내가 돈이 있어서 사 먹었다고 했어요."

"조금 더 이해할 수 있도록 설명을 부탁해."

3학년이 말했다. "어제 운동장에서 돈을 가지고 있는 걸 보았어요. 그 생각이 나서 물었어요. 형이 실제로 때리지는 않고 발로 차면서 말했어요. 형은 마이쭈를 먹고 있었고, D 슈퍼에 가서 사 먹고 들어온 것을 봤어요."

(바꾸어 말해 주기) "5학년이 돈을 학교에 가지고 와서 과자를 사 먹는 것은 학교 규칙을 어긴 것이라는 생각 때문에 왜 사 먹느냐고 했니?"

(고개를 크게 끄덕이며 큰 소리로) "예."

"3학년은 학교에 돈을 가지고 와서 무엇인가를 사 먹는 것은 규칙에 어긋난다고 지도를 했어요. 그래서 ○○는 형은 지금 학교 규칙을 어기고 있다는 것을 말하고 싶었던 것 같아요."

"예."

"발을 올리며 말한 이유는 무엇이니?"

"웃기려고 그랬어요. 웃기고 싶었어요."

"누구를 웃기고 싶었니?"

"앉아 있는 주변 친구들을 웃기고 싶었어요."

"친구들이 웃겨 달라고 했니?"

"아뇨. 그냥 웃기고 싶었어요."

"왜 그냥 웃기고 싶었니? 그때의 마음을 잘 보세요. 어떤 생각이 들었니?"

(침묵 후) "시비 건다고 생각했어요."

"왜 사 먹느냐고 말을 할 때 시비 건다는 생각에 다리를 올리며 말했구나."

"처음에는 형이 조금 무서웠는데 자꾸 형이 다리를 올리니 아주 무섭고 두려웠어요."

"'안 무서워.'라고 해서 웃기려고 다리를 자꾸 올렸어요."

"'안 무서워.'라는 말을 들었을 때의 생각은 뭐니?"

"무시한다고 생각했어요."

"3학년이 무서워할 때까지 나는 웃기려고 다리를 번갈아 더 높이 올렸습니다."

"이 말이 사실인가요? 자기 마음에게 물어보세요."

(끄덕끄덕)

"동생을 위협한 행동이구나. 더 할 말이 있나요? 억울한 일이 있으면 말해 주세요."

"없어요."

○ NVC 대화로 회복된 생활 교육 요소

① 피해자(영향을 받은 학생)의 회복: 3학년 학생은 두렵고 무서웠던 마음이 5학년과 선생님의 대화를 들으면서 마음이 편안해진다. 선생님이 나를 위해 애쓰고 계시는 장면을 보면서 감사하고 든든한 마음이 생긴다.

② 관계의 회복: 3학년이 왜 사 먹느냐는 말은 시비 건 것이 아니고 5학년 형이 규칙을 어긴다는 의미였다는 것을 알고 이해하고 수용한다. 웃기려고 한 나의 행동은 화가 나서 동생을 위협한 행동임을 안다.

③ 정의 회복: 학교의 규칙은 학교 전체 학생이 지켜야 하는 것이다.

마음 읽어 주기

"선생님. L이 내가 물어도 대답을 안 해요."
"서운하겠구나. L하고 같이 놀고 싶니?"
"예."
"네 마음을 L에게 전할까?"
"예."

(수학 공부를 하다가) "지루해요."
"뭐가 어렵니?"

"이 그림 망쳤어요."
"잘하고 싶은데 마음대로 안 되어 속상하겠구나."

(수학 시간에 불쑥) "오늘 체육 해요?"
"재미있는 공부가 하고 싶구나. 수학이 많이 어렵구나."

    수학 시간에 문제를 풀고 있는 학생들을 둘러보며 확인을 한다. S가 문제 푸는 것을 보고 있다가 "틀리는 부분이 보이네."라고 말하면서 볼펜으로 체크해 주려고 하니, 자꾸 담임 교사의 손을 밀쳐 낸다.
    "틀리고 싶지 않구나. 그래도 틀린 걸 어쩌지."
    "풀 수 있어요."
    "다 동그라미를 받고 싶다는 말로 들리는구나. 그러면 점을 찍을게."
    S의 행동으로 담임 교사는 학생들에게 점을 찍을지, 작은 체크를 할지 물어보고 확인을 한다. 점을 찍으니 맞는지, 틀리는지 모르겠다고 작은 체크를 해 달라는 부탁을 다시 하는 학생들이 있어서 작은 체크로

틀린 것을 표시하기로 약속한다. 그래도 S는 계속 손으로 밀어내는 행동을 해 점으로 표시를 해 준다.

"친구들이 술래잡기할 때 나만 잡아요."
"술래 하기가 힘들구나."

"친구들이 무섭게 말했다고 해요."
"억울하겠구나."

"친구들이 나를 싫어해요."
"친구들과 같이 놀고 싶구나."

"내가 가르쳐 달라고 하지 않았는데, 나한테 와서 답을 말해요."
"네가 스스로 해 보고 싶다는 마음을 친구가 배려해 주지 않아서 속상하니?"

"선생님. 친구가 말도 하지 않고 지우개를 가지고 가요."
"속상하고 화가 나겠구나. 지금 네 마음을 전할까?"

"축구 경기를 하는데 '너 얼마나 차는데?'라고 K가 말해요."
"친구가 그런 말을 할 때 마음이 많이 서운하고 울적했겠네. '넌 못하잖아.'로 들렸니?"
(끄덕끄덕)
"학교에서 하는 축구는 친구들과 재미로 하는 건데 널 이해해 주기를 바라니? 네 마음을 지금 전할까?"

"선생님. J가 '난 자전거 잘 타.'라고 해요."

"자랑하는 것처럼 들렸니? '넌 자전거 못 타잖아.' 이렇게 말하는 것 같았니?"

"예."

"순간 짜증이 났구나. J한테 물어볼까?"

"예."

"선생님. 급식 다 먹어야 해요?"

(웃으면서) "'다 먹기가 싫다.'로 들리네. 먹을 만큼만 먹어요."

"선생님. 급식 다 먹어야 해요?"

"빨리 나가 놀고 싶구나. 자신이 선택하세요. 배가 고플 수도 있어요."

"선생님. 바탕 색칠해야 해요?"

"바탕 색칠하는 게 힘들다는 것으로 들리는구나. 아니면 '빨리 끝내고 싶다.'로 들리네. 다른 친구 작품들을 보고 네가 선택하렴."

"친구들이 공을 안 줘요."

"재미가 없구나. 공이 던지고 싶구나. 서운하구나. 기회가 올 수도 있어."

"선생님. 짝이 소리를 내요."

"공부하는 데 방해가 되는구나."

"선생님. 짝이 컴퍼스를 갖고 벌려서 놀아요."

"신경 쓰이고 무섭겠구나. 짝에게 왜 그러는지 물어보고 계속 그러면

꿈꾼다, 공감 교실

자리를 옮겨 줄게."

"선생님. 짝이 리코더 불 때 한 시간 동안 삑삑거리니까 귀가 아파요."
"많이 참았구나. 짜증 내지 않고 말해 주어서 고맙다. 짝이 계속 그러
면 자리를 옮겨 볼게."

"선생님. K가 내 이름을 바꿔서 불러요."
"놀린다는 생각에 짜증 나고 속상하구나. K에게 싫다고 말해 봤어
요?"
"아니요."
"선생님이 말해서 K가 그렇게 하지 못하도록 하기를 바라니? 아니면
같이 대화 모임을 하기를 바라니?"
"대화 모임 할래요."

"선생님. N이 짜증 내면서 말해요."
"친절하게 말해 주기를 바라는구나."

"선생님. M이 자기 마음대로 해요."
"규칙을 지키며 해 주기를 바라니?"

"내가 공 안 뺏었다고요."
"'실력대로 받았다.'로 들리는구나. 그래서 억울하기도 하네."

"내 물건은 내 마음대로 하는 거잖아요."
"나는 잘못한 게 없다는 말을 하고 싶은가 보구나. 잘못한 것은 없단
다. 자기 물건은 자기 마음대로 해도 되는 거란다."

(친구를 보며) "내 거라고."

"내 물건을 가지고 내가 좋아하는 친구를 선택해서 자유롭게 친구들에게 줄 수 있는 마음을 이해해 주기를 바라니?"

(수업 중 틀린 답을 말했을 경우) "아, 그렇게도 생각할 수 있구나. 답이 틀리긴 해도 도움이 돼요. 친구들 중에 너처럼 생각하는 친구들도 있을 거예요. 한 번 더 설명할게. 너처럼 생각하는 친구에게 도움이 될 거예요."

"선생님. 학원에서 배웠어요."
"'선생님. 저는 공부 열심히 하고 있어요.'로 들려요."

수학 시간에 어떤 친구가 "3번 문제 어려워요."라고 하니 다른 친구가 말한다.
"선생님. 3번 쉬운데요."
"'선생님. 저는 이미 배워서 알고 있어요.'라고 들리는구나."

"선생님. 뒤에서 '나는 저거 아는데.'라고 자꾸 말해요."
"공부에 방해가 되겠구나. 선생님 설명도 잘 들리지 않고, 친구가 배려해 주기를 바라나요?"

(대화 모임을 하자고 하는데 하지 않고 계속 귀를 막고 있는 학생을 보고) "친구한테 '잘못했다고요. 인정한다고요.'라는 행동으로 보여요. 맞니? 이야기하고 싶을 때 하자."

"억울하다고요."

"할 말이 있구나."

대화 모임을 한 기록을 컴퓨터 앞에 앉아 정리하고 있으니, 몇 명의 학생들이 와서 보려고 한다.

"궁금하구나. 선생님이 혹시 다르게 적을까 봐 걱정되기도 하니?"

평소와 다른 표정으로 앉아 있는 B를 수업하면서 계속 관찰한다. 수업이 끝난 후 B에게 물었다.

"무슨 일이 있니? 어디 아프니?"

(조금 시간을 두더니) "학교 마치면 엄마에게 전화해야 하는데 휴대폰을 모르고 집에 두고 왔어요."

"걱정되어 수업에 집중하지 못했구나. 지금 엄마한테 이 사실을 알리렴."

(엄마와 전화 통화를 끝낸 후 부탁하기) "그런 일은 빨리 말하는 게 B 마음이 편안해요. 지금 마음이 홀가분하니?"

(미소를 지으며) "예."

모둠 활동할 때 K는 자주 눈물을 흘린다. 연극 ○○의 ○○을 할 때도 눈물이 나서 활동을 하지 않는다.

"친구들에게 서운하구나."

"예."

"눈물이 난 이유는 뭘까요?"

"제가 친구들이 연습하는데 '잠깐.'이라고 하니, '끼어들지 마.'라고 하잖아요."

(추측하여) "역할을 정할 때 양보했니?"

"저는 ○○를 하고 싶었는데 다른 친구가 하고 싶어 해서 저는 ○을 했어요."

"친구가 역할을 양보해 달라고 부탁했니?"

"아니요."

(공감하기) "너는 친구들에게 역할을 양보했는데 모둠 친구들은 네 이야기를 들어 주지 않아 서운했구나. K는 진짜로 하고 싶은 역할이 있었지만 친구를 위해 양보까지 했는데, 친구들은 네 말을 무시한다는 생각에 섭섭하고 짜증도 났니?"

"예."

"선생님과 이야기를 나눈 지금 마음은 어떤가요?"

"편안해요."

"다음에 이런 일이 있으면 어떻게 하고 싶나요?"

"'나도 하고 싶어.'라고 말하고 울지 않고 같이 할래요."

수학 시간에 P가 "저요! 저요!"라고 말하며 손을 든다. 다른 친구를 지명하니 "아~!" 하는 아쉬운 목소리를 한다. 발표한 친구가 정답을 말하니 주먹을 쥐고 책상을 '탕' 친다. 그리고는 눈물을 보인다.

"P는 알고 있는 답을 말하지 못해 많이 아쉽기도 하고, P를 시켜주지 않은 선생님께 화가 나는 것 같기도 해요. (울고 있는 학생 가까이 가서 말한다) P는 알고 있는 답을 말해서 친구들에게 '나도 할 수 있어.'라고 알리고 싶은 마음이 있었나요?"

"예."

"그 마음이 이루어지지 않아 아쉽구나."

"예."

주제가 있는 톡!

느낌과 욕구를 찾아가며 학생들과 함께 이야기 나누기를 하면 학생들이 받아들이는 정도가 깊어진다.

행동의 변화도 보인다. 서로를 이해하기도 한다.

반면, 느낌으로 말하지 않고 판단, 평가를 말하면 상대가 방어하거나 저항한다.

수업 시간, 복도, 급식실, 도서관, 컴퓨터실에서의 규칙을 지키라고 강요하기보다는 내 느낌과 욕구, 상대의 느낌과 욕구를 이해할 기회를 주는 것이 효과적이다. 학생들과의 대화 모임 후에 군이 교사의 생각을 말할 필요는 없다. "규칙은 꼭 지켜야 해."라는 말은 하지 않는 것이 좋다. 이미 학생들과 나눔 한 시간으로도 충분하다. 학생들과 주제를 정하고 이야기 나눔 시간을 가질 때는 한 명, 한 명의 학생들 이야기를 그냥 들어 주면 된다. 학생들의 이야기 내용을 판단하거나 비교하는 발언은 하지 않는다.

공동체 구성원으로서의 학교생활에서는 서로를 이해하지 않으면 사소한 갈등이 수시로 일어난다. 물리적인 힘, 학습능력 차이 등의 불균형으로 또래들의 눈치를 보며 자기표현을 하지 못하는 경우도 있다. 자기표현(말) 뒤의 욕구를 들여다보지 못하고 말하는 경우가 많다. 선생님도 학생의 욕구를 들여다보지 못하고 그대로 받아들여 생활지도를 할 경우, 그 학생은 고자질쟁이로 낙인되어 왕따를 당할 경우가 높다.

학년 초에 학생들과 '규칙', '우정', '고자질', '부탁' 등을 가지고 학생 느낌 중심의 이야기 나누기를 하면, 학생들과 직접 관련되는 이야기이므로 "아하!" 하면서 전체 학생들이 빠짐없이 자기 목소리를 낸다. 선생님은 학생들의 이야기가 잘 연결되도록 지원해 주고, 학생들이 들려준 이야기를 토대로 욕구를 찾아 명료화만 해 준다. 이 활동은 학생들을 몰입하게 하고, 지키도록 하는 힘을 갖고 있다.

고자질

점심시간 놀이를 하고 교실로 와서 학생들이 이야기한다.

"선생님. A가 운동장에서 우리 보고 고함질러요."

"A가 멋대로 규칙을 정해요."

"우리 보고 이래라저래라 해요."

이 장면을 보고 있던 A가 말한다.

"나도 너희들 싫어. 다 싫어! 싫다고!"

'A는 친구들이 고자질한다고 생각하는구나. 친구들은 도움을 청하는데.'

학급 공동체에서의 급우와의 관계가 회복되기를 바라는 마음으로 함께 이야기를 나누는 시간을 가졌다.

토의 주제는 '고자질'로 정했다.

"고자질하는 친구의 마음을 말해 볼까요?

"'화난', '서운한', '열 받는', '속상한', '슬픈', '마음이 두 갈래인', '외로운', '섭섭한', '울적한'입니다."

"고자질당하는 친구의 마음을 찾아볼까요?"

"'열 받는', '화난', '신경 쓰이는', '걱정스러운', '마음이 두 갈래인', '서운한', '섭섭한', '속상한'입니다.

"고자질하는 친구가 필요한 것, 중요한 것은 뭘까요?

"'도움', '지원', '자기보호', '자기 돌봄', '몸과 마음의 안전'입니다."

"고자질당하는 친구가 필요한 것은 뭘까요?"

"'자기보호', '자기 돌봄', '몸과 마음의 안전', '이해'입니다."

"고자질하는 친구, 고자질당하는 친구에게 중요한 것은 '자기보호', '돌봄'입니다. 두 사람의 느낌과 바라는 마음, 원하는 마음은 같습니다."

이 활동을 할 때 고자질한다고 "나도 너희가 싫다."라고 고함을 지르던 A는 고개를 끄덕이며 "선생님. 고자질하는 친구의 마음과 내 마음이 같은 거예요?"라고 물어본다. 선생님께 말하는 것은 도움을 청하는 것이고 자기보호, 돌봄의 욕구라는 것을 이해하는 순간이다.

"나는 고자질 안 하는데 쟤는 맨날 고자질해요."라고 말하면 고자질이란 용어보다는 "선생님. 도와주세요."로 들어 주기를 여러 번 반복하여 알린다.

학교에서 학생들이 하는 고자질은 자기 돌봄, 자기 보호, 자기 안전의 욕구가 충족되지 않아 선생님께 도움을 청하는 것이다. 학생들의 이야기를 놓치지 않고 들어 주는 태도는 학급을 학교 폭력으로부터 보호하는 데 많은 보탬이 된다.

게임

비가 오는 중간놀이 시간에 쌓기 나무로 놀이를 하다가 J가 고함을 지르며 울고 있다. 교실 안 친구들은 긴장한 얼굴이다.

하던 놀이를 중단시키고 자리에 앉도록 한다. 토의하는 시간만큼 놀이 시간을 다시 줄 거라는 약속을 하고 토의를 시작한다.

토의 주제는 '게임'으로 정했다.

"게임을 할 때 어떻게 하면 즐거울까요?"라고 물으니 다들 선뜻 말하지 않는다.

"게임을 할 때 불편한 경우는 언제인가요?"라고 하니 여기저기서 손을 번쩍번쩍 든다.

"게임을 할 때 어떻게 하면 불편한 마음이 생기나요?"

"게임을 할 때 끼어들면 불편하고 속상합니다."

"게임을 할 때 쌓기 나무를 많이 가지고 가면 불편합니다."

"게임을 할 때 '해도, 해도, 해도(해줘, 해줘, 해줘).'라고 자꾸 말하면 방해가 되어 불편하고 짜증 납니다."

"게임을 할 때 어떻게 하면 편안한 마음이 생기나요?"

"게임 중간에 끼어들지 않으면 편안합니다."

"게임 도구를 공평하게 나누어 가지면 편안합니다."

"게임 중에는 끼어들지 않고 끝날 때까지 기다렸다가 같이 하면 편안합니다."

"한 문장으로 말해 볼게요."

"게임을 할 때 필요한 것은 '공평', '재미', '즐거움', '편안함'이다."

"게임은 규칙을 지키면서 공평하게 하면 즐겁다."

"싫어요.", "좋아요."라는 말을 할 땐 듣는 학생이 자극을 받을 수 있다. "불편해요.", "편안해요."와 같은 느낌말로 바꾸어 말해 주는 것이 필요하다.

부탁

학생들은 지우개나 연필 등이 없을 때는 서로에게 빌려달라고 한다.

공놀이, 축구 경기를 할 때도 공을 가진 친구에게 "공 줘.", "공 줘."라고 한다.

친구들이 술래나 게임을 하는 중간에도 "(지금) 나도 할래."라고 한다. 중간에 끼워 주지 않으면 눈물을 흘리거나 화를 낸다.

국어 수업과 연계하여 부탁으로 이야기 나누기를 해 보았다.

이야기 주제는 '부탁'으로 정했다.

"부탁을 해 본 적이 있나요?

(합창하듯) "없어요."

"선생님은 여러분들이 부탁하는 소리를 많이 들었어요."

아이들은 저마다 "나는 안 했는데." 하면서 웅성거린다. 문제 상황을 이야기하니, '그게 부탁이에요?'라는 표정을 짓는다.

"부탁할 때의 마음을 느낌으로 말해 볼까요? 부탁할 때의 마음은 어떠합니까?"

"두렵고 부끄럽습니다."

"기분이 좋을 때도 슬플 때도 있어요. 내가 수학 시험에서 90점을 받았을 때 친구들이 나에게 문제 설명과 답을 가르쳐 달라고 하면 기분이 좋습니다."

"간절한 마음입니다."

"약간 두렵고 친구가 화낼까 봐 가슴이 두근거립니다."

"창피하고 어색합니다."

"부탁을 들어주지 않을 때의 마음은 어떠합니까?"

"마음이 아프고 속상하고 불편합니다. 왜냐하면 내가 바라는 것을 어렵게 부탁했는데 거절하기 때문입니다."

"슬프고 놀라고 어색합니다."

"상처만 받아서 후회스럽습니다."

"'친구가 나를 싫어하나?' 하는 생각 때문에 쓸쓸하고 불안합니다."

"초조하고 짜증 나고 괴롭습니다."

"섭섭하고, 격분합니다."

"내 마음에 가시가 붙은 것처럼 아픕니다."

"여러분이 이야기한 것을 문장으로 해 볼게요."

"부탁하는 마음, 부탁받는 마음, 부탁을 거절하는 마음은 다 힘들다."

시험

요즈음 평가는 자기 성찰적 평가가 일어나는 과정 중심평가를 강조한다. 특히 서술형 평가의 비중이 커지고 있다. 우리 학생들에게 서술형 문제를 제시했을 때 '상'의 결과가 나온 학생들의 수가 적었다. 학생들의 얼굴을 보니 시무룩하다.

기초 학력 평가를 핑계로 쉬운 문제를 중심으로 객관식 문제 위주로 시험을 보게 하니 100점이 많이 나온다. 다양한 방법으로 평가가 이루어지지만, 여전히 학습지에 적힌 '100'이라는 수의 위력은 많은 아이가 환호하게 한다.

시험에 지나친 부담은 없는지 '시험'으로 생각 나누기를 했다.

이야기 주제는 '시험'으로 정했다.

"처음에는 틀릴까 봐 무섭고 조마조마했습니다. 시험지를 받았을 때 성적이 좋으면 흐뭇합니다."

"100점 받으면 만족스럽고 성적이 낮으면 슬픕니다. 친구들이 모르는 척하면 좋겠습니다. 친구들에게 창피합니다."

"틀릴까 봐 불안합니다. 집에서 미리 공부해 오면 두렵지 않습니다. 몰랐던 것을 다시 알게 되는 깨달음이 있습니다."

"'나도 100점을 받을 수 있구나.' 하는 깨달음이 있습니다."

"집에서 공부했는데도 성적이 나올 때는 긴장되기도 하고 뿌듯하기도 합니다."

"가끔 어려운 시험을 쳐 보고 싶습니다. 도전하고 싶습니다."

"시험 점수가 궁금합니다. 시험을 보면 틀린 것을 발견합니다. 틀린 것만 집에서 공부하고 연습하면 성장합니다."

"생각해서 쓰니까 답 쓰기가 힘듭니다."

우리 반은 다음과 같이 약속했다.

친구의 점수를 말하지 않는다.

꿈꾼다. 공감 교실

소리

　화가 나면 소리를 지르는 학생은 수업에 방해가 되고, 급우들이 겁을 먹기도 한다. S, M, H는 화가 나면 선생님이 계셔도 친구들에게 고함을 지른다. 특히 S는 본인과 관련된 부정적인 행동을 친구들이 말하고 있으면 중간중간 고함을 지르거나 말을 잘라 버리려고 계속 고함을 지른다. 이때는 고함지르는 학생을 질책하기보다는 이야기 나누기를 한 후 소리 강도 체험 활동을 한다.

　이야기 주제는 '목소리'로 정했다.

　"화가 난 큰 소리를 들으면 어떤 느낌인가요?"

　"불안해요."

　"짜증 나요."

　"화가 나요."

　"조마조마해요."

　"속상해요."

　"답답해요."

　"갑갑해요."

　"듣기 편안한 목소리, 불편한 목소리가 있었나요? 불편한 목소리부터 말해 볼까요?"

　"화내는 소리입니다."

　"짜증 내는 소리입니다."

　"큰 소리입니다."

　"비웃는 소리입니다."

　"놀리는 소리입니다."

　"듣기 편안한 목소리는요?"

"친절한 목소리입니다."

"작은 소리입니다."

"화내지 않는 목소리입니다."

한 학생을 교실 앞으로 나오게 하여 서로 마주 보고 앉도록 한다.

"한 사람이 먼저 친구 이름을 부릅니다. 소리의 크기를 0~10이라고 가정하고 가장 작은 소리를 0, 가장 큰 소리를 10으로 할게요. 아주 작은 소리에서 점점 크게 말합니다. 천천히 친구 이름을 부릅니다. 이름을 부르는 소리를 듣고 몸과 마음이 다르게 느껴질 때 손을 듭니다. 다 하고 나면 바꾸어서 합니다."

세 번 정도 듣고 손을 드는 학생도 있고 여섯 번 정도 듣고 손을 드는 학생도 있다.

"목소리를 가지고도 몸과 마음을 때릴 수 있답니다."

"두 사람씩 짝과 마주 봅니다. 아주 작은 소리에서 점점 크게 냅니다. 친구가 손을 들면 멈춥니다."

이 활동을 장난스럽게 한다면 체험하기 힘들기 때문에 교사가 몇 번 더 학생들에게 체험의 기회를 주는 것이 효과적이다.

모든 학생이 경험했을 경우에는 소리 강도를 경험할 수 있는 활동이 끝난 후 이야기 나누기(서클 방법)를 한다. 톡 스틱은 말랑말랑한 주사위를 이용한다.

○ 소리 강도 체험 활동

    1) 트리거(중립적인 말: 바다, 나무, 돌 등)

    2) 반응 감지(몸과 마음의 반응)

    3) 멈춤(손들기)

    4) 현존(상대가 반응에 관해서 이야기를 할 때 침묵 공감을 한다)

저학년들이 더 이상 생각들을 말하지 않는다면 교사가 여러 가지 경우를 알려 준다. 목소리가 큰 학생들이 위축되지 않도록 긍정적인 경우도 알려 준다.

"목소리가 크면 좋은 경우도 있어요. 언제일까요?"
"책을 읽을 때입니다."
"또 없나요?"
"운동장에서 말할 때입니다."
"발표할 때입니다."
"연극 활동할 때입니다."
"왜 좋을까요?"
학생들이 머뭇거린다. 칠판의 욕구 카드를 보여 준다.
"선생님은 모든 친구가 다 들을 수 있도록 책을 읽는 목소리는 듣기가 좋아요. 왜냐하면 친구들이 모두 잘 들도록 배려하기 때문이에요. 발표할 때 다 들을 수 있도록 목소리를 크게 하면 행복해요. 그러면 어떤 상황일 때 무서울까요?"
학생들이 가만히 있다. 학급 담임 교사가 설명한다.
"화를 내면서 목소리를 크게 하니 듣는 사람들이 무섭고 괴로운 거예요.
"노래를 부를 때도 아름다운 마음으로 친구들이 다 들을 수 있도록 부르면 만족스러워요."
"큰 목소리를 들으면 자신 있는 마음이 느껴져 안심이 되기도 해요."
"넓은 운동장, 많은 친구 앞에서 이야기할 때 큰 소리로 말하면 마음이 답답하지 않고 뻥 뚫린 듯 시원해요."

　화가 나면 소리를 지르지 말고 "후~ 후~ 후~" 하고 호흡을 3번 정도 하고 선생님 또는 친구에게 자기 마음을 NVC 대화 매뉴얼로 표현하도록 지도를 한다. 초등학생들은 배우는 속도가 빠르고 행복한 배움과 성장이 있는 것은 습득하려고 한다.

　초등학생, 특히 저학년 학생들은 마음이 순수하고, 친구를 사랑하려는 마음을 가득 안고 있다. 이 시기에 NVC 대화 매뉴얼로 나의 마음, 상대의 마음을 서로 이해하는 활동은 학생들의 긍정적인 사고력에 영향을 미친다.
　굳이 초등학교 저학년 학생들에게 "친구를 때리면 안 돼.", "친구에게 욕하면 안 돼.", "친구를 밀면 안 돼.", "친구와 사이좋게 놀아야지.", "배려가 있어야지.", "친구를 사랑해야지."라고 훈육하지 않아도 학생들의 사소한 갈등을 그때그때 풀어주는 과정을 통해 서로 배려하고 즐거워하는 모습을 자주 발견한다.

　수업 중에 발표를 크게 하라고만 하면 자기 생각을 말하지 못하는 경우를 종종 본다. 간단하고 짧은 내용은 크게 말할 수 있지만, 교사의 질문에 학생이 자기 생각을 자세하게 표현할 경우는 소리가 점점 작아진다. 이런 경우에 교사는 그 학생이 말을 다 할 때까지 들어 주는 힘이 필요하다. 그 말 뒤의 욕구를 읽고 문장을 다시 정리하여 듣는 학생들의 이해를 돕도록 한다.

　교사는 어떤 상황(교육 활동, 놀이 활동, 게임 활동, 쉬는 시간 등)에서도 소리를 크게 하지 않고 목소리를 낮추고 조용히 말하는 습관을 지니도록 하는 자기 훈련이 필요하다. 지속해서 교사가 목소리를 낮추면 학생들도 일상적인 생활에서 자연스럽게 목소리를 낮춘다. 낮춰지지 않는 몇몇 학생들에게는 소리 강도 체험이 효과적이다.

학생들이 친구에게 지우개, 연필 등을 빌려달라고 할 때 조심하는 태도를 가지고, 시험지를 보고 평가 결과를 말하면 "말하면 안 되는 거잖아."라고 자신 있게 말한다. 주제 토의를 하고 난 뒤 정해진 우리 반 약속은 학생들이 스스로 잊지 않고 잘 지킨다. 전체 학생과 이야기를 나누어 결정된 학급 규칙은 학생들 스스로 지키는 힘이 있다.

화가 나면 고함을 질러 친구를 울게 하던 남학생들 몇 명은 쉽게 목소리가 낮춰지지 않는다. 목소리를 낮추려고 노력은 했으나 화가 났을 때는 여전히 소리를 지른다. 지속해서 교사가 작은 소리로 갈등 상황을 조정하고, NVC 대화를 바탕으로 한 토의, 학부모 상담 시 시연하기 등의 과정을 진행한다. 18개월 정도 되었을 때, 친구를 늘 울리던 마지막 두 명의 학생도 소리를 높이지 않는다.

NVC에서의 감사

NVC에서 감사를 표현하는 것은 무엇인가를 받고 싶어서가 아니라 서로 기쁨을 나누기 위해서이다.
그 기쁨은 우리 모두가 서로의 삶에 기여할 수 있는 능력을 갖추고 있음을 축하하는 데서 나온다.
NVC 모델로 감사를 표현하면 말하는 사람도 자기표현의 기쁨을 경험하게 된다.

학년 초에 사소한 갈등이 있을 때 NVC 모델로 대화하기를 하면 선생님에 대한 감사한 마음을 먼저 표현한다.
시간이 지날수록 함께 대화 모임을 해 준 친구에게 감사한 마음을 전한다.
NVC 대화 모임을 하다 보면 학생들이 감사 대화 모임을 요청하면서 도움을 준 친구에게 감사한 마음을 전하고 싶다고 말한다. 물론 교사도 학생들에게 자주 감사의 마음을 NVC 대화로 전하면 학생과의 관계에서 더 신뢰가 쌓이고 학생들과 더 친밀해진다.

감사 표현의 세 가지 요소는 다음과 같다.
첫째, 우리의 행복에 기여한 그 사람의 행동
둘째, 그 행동으로 충족된 나의 욕구
셋째, 그 욕구들이 충족되어 생기는 즐거운 느낌

"감사합니다."를 NVC로 표현하는 방법은 다음과 같다.
"당신이 ~했을 때 나는 ~을 느꼈습니다. 그리고 내 욕구가 충족되었습니다."

- 『비폭력 대화』 中

감사 대화

H가 점심시간에 "선생님. B랑 감사 대화 모임 할래요. 2교시 마치고 놀 때 팔이 긁혔는데, S가 걱정해 주면서 보건실도 같이 가 주었어요."라고 말했다.

"H가 S에게 NVC로 감사 대화하고 싶대요."
"(관찰) 내가 팔이 긁혀 아플 때
(느낌) 걱정해주면서 보건실로 같이 가 주어 마음이 든든하고 따뜻했어.
(욕구) 나는 그때 같이 갈 친구가 필요했거든. 고마워."

"S도 H에게 NVC로 감사 대화하고 싶다고 하는구나."
"(관찰) 피구 할 때 공을 받아 나에게 주었을 때
(느낌) 고마웠어.
(욕구) 친구들이 나에게 공을 주지 않아 속상하고 있을 때 네가 공을 주어 신났어(재미의 욕구)."

NVC 모델로 감사하기는 "고마워."라는 한 마디보다 마음을 울리는 힘이 있다. 특별한 돌봄이 필요한 학생, 힘이 필요한 학생, 민감한 마음을 가진 학생 등 다양한 마음을 따뜻하게 녹여 주어 관계를 연결하고 서로 이해하게 하는 힘을 공동체 속에 심어 준다.

"(관찰) 느낌으로 말하기 활동을 하고 난 후 H에게 욕을 한 것을 생각하면
(느낌) 나 자신에게 실망스러워요. 그리고 마음이 아파요.

(욕구) 선생님께서 H랑 이야기할 시간을 주어서 다시 친하게 놀 수 있을 것 같아 감사해요."

"(관찰) 선생님이 우리 작품 〈달팽이〉를 버리지 않고 사물함에 넣는 것을 보았어요. (느낌) 그때 제 마음은 감사하고 든든하고 따뜻했어요.
(욕구) 제 작품에 정성이 들어갔기 때문이에요."

"(관찰) 나는 네가 복도에서 나를 밀치고 사과도 하지 않고 뛰어갈 때
(느낌) 섭섭해서 눈물이 났어.
(욕구) 그래서 내가 선생님께 대화 모임을 요청했어. 네가 대화 모임을 해 주고 사과도 해 주어 마음이 따뜻하고 고마워. 나는 너에게 사과를 받고 싶었거든."

"(관찰) 복도에 떨어진 내 소중한 책을 네가 밟았을 때
(느낌) 나는 섭섭해서 눈물이 났어.
(욕구) 네가 대화 모임을 해 주고 사과도 해 주어 마음이 풀려. 다시 너랑 친하게 놀 수 있을 것 같아. 대화 모임을 해 주어 고마워."

"(관찰) 체육 시간에 달리기할 때 너와 부딪힐 뻔했어.
(느낌) 그런데 네가 양보하고 짜증도 내지 않아서
(욕구) 편안하게 달리기를 할 수 있었어. 고마워."

"수학 시간에 시계를 읽을 줄 몰랐는데(몇 분 전), ○○이 네가 친절하게 설명을 해 주어 알게 되었어. 마음도 편안했어. 고마워."

"'쌍기역'을 몰랐는데 네가 가르쳐 주어서 알게 되었어. 고마워."

(학부모의 대화) "선생님께서 내 아이의 마음을 읽어 주셔서 감사합니다. 선생님께 믿음이 생깁니다."

"S야. 내가 모르는 것을 가르쳐 주어 기쁘고 감동했어."

"A야. 내가 너에게 수업 중에 자꾸 말을 하고 방해했는데도 선생님께 나랑 짝이 되어 재미있다고 말해 줘서 마음이 따뜻하고 만족스러워. 고마워."

"D가 내 배를 차서 나는 D 얼굴도 보기 싫고 D한테 실망했어요. 내가 너무 슬펐어요. 대화 모임을 하기 전에는 D가 싫었어요.
그런데 D랑 대화 모임을 하니 마음이 편안하고 뿌듯해요. 선생님께 감사합니다. 다시 D랑 놀 수 있을 것 같아요."

국어사전 찾기 공부를 마치고 H가 감사 대화 모임을 하고 싶다고 한다.

"(관찰) 국어사전 찾기를 어떻게 해야 할지 몰랐어. D가 정답을 알려 주었는데, 정답만 알려주니 몰라서 다시 설명해 달라고 했을 때
(느낌) 네가 설명을 무섭게 하지 않고 착하게 말하고 정확하게 설명해 주어
(욕구) 배움과 희망이 있었어. 고마워."

교사가 학생들에게 감사 대화를 한 내용이다.

"(관찰) H가 '선생님. 감사 대화하고 싶어요.'라고 말하니
(느낌) 선생님 마음이 따뜻하고 포근하구나. H가 스스로 감사 대화

모임을 하겠다는 말을 들으니 대화 모임이 성장했다는 생각에 마음이 뿌듯하고 힘이 나는구나.

(욕구) 선생님에게는 너희들이 다툼이 있을 때 대화 모임을 하는 것도 중요하지만 친구에게 감사하는 마음을 전하는 대화 모임을 하는 것도 중요하기 때문이란다.

(부탁) 감사하는 마음이 생길 때 감사 대화 모임을 해 주면 좋겠구나."

"친구들 몇 명이 점심시간에 B 때문에 불편하다고 하는구나. B가 말을 해 주세요."

아무 말을 하지 않는다.

(낮고 편안한 목소리로) "궁금해요."

(B가 약간 목소리 톤을 높이며) "오늘 점심시간에요?"

"예."

"친구들이 고자질한다고 생각하면 화가 날 거예요. 선생님은 사실인지 확인만 할게요. B는 눈을 감아 주세요. B 때문에 불편한 친구는 손 들어 볼까요? 9명의 친구가 손을 드네요. B의 말을 듣고 싶어요. 할 말이 있을 것 같아요."

"M도 나에게 페트병을 던졌어요."

"나도 불편했다는 것을 알려 주는 거네요. 이 말을 듣고 D가 말해 주세요."

(침묵)

"사실이구나."

전체 학생들이 다 듣도록 말한다.

"(관찰) B가 화를 내지도 않고 고함지르지 않고 들어 주어
(느낌) 고마워.

꿈꾼다, 공감 교실

(욕구) B가 대화하는 방법을 배워 친구들의 이야기도 조용히 들어 주기를 바랐거든. 오늘처럼."

"(관찰) 아이들이 선생님을 찾아와 'H가 가방을 메고 나갔어요.'라고 말했는데, H가 아무 탈 없이 교실로 다시 돌아오게 되었을 때

(느낌) 고맙고 감사했어요.

(욕구) H가 안전하게 학교로 다시 돌아오기를 바랐기 때문이란다.

(학생들에게 부탁) 앞으로도 친구들이 학교에 있어야 하는데 혼자 집에 가거나, 학교 안에서 폭력을 당하거나 할 때는 빨리 선생님께 알려 주기를 바라요. 여러분을 보호하고 안전하게 돌보고 싶기 때문이에요."

나에게, 친구에게, 선생님께 감사하기

음악 수업 후 감사하는 시간을 가진다(느낌과 욕구 카드를 보고 말한다).

(나에게 감사) "도전하려는 용기를 가진 제가 뿌듯하고 감사합니다."

(나에게 감사) "리코더 2부를 계명이 적힌 학습지를 보지 않고 녹음을 한 나에게 감사합니다."

(나에게 감사) "처음에는 잘 불지 못했는데 녹음까지 하게 되어 저에게 뿌듯하고 생기가 돌고 감사합니다."

(친구에게 감사) "제가 틀렸는데도 아무 말 하지 않은 짝이 고맙습니다."

(친구에게 감사) "리코더 녹음을 할 때 끝까지 딸꾹질을 참고 끝난 뒤한 친구에게 감사합니다."

(친구에게 감사) "리코더 이중주를 녹음할 때 K가 잘 불러주어 나도 잘 불 수 있었습니다. K에게 고맙습니다."

(선생님께 감사) "악보도 만들고 낱말 카드도 만들어 재미있는 공부를 할 수 있게 해 주셔서 감사합니다."

(선생님께 감사) "리코더 이중주 노래를 녹음해 주셔서 감사합니다."

(교사가 학생들에게 감사) "리코더 이중주 연주 녹음을 할 때 정성을 다해서 리코더를 불어 준 여러분들에게 감사합니다. 떨리기도 하고 조마조마하기도 했을 거예요. '틀리면 어쩌지?' 하는 걱정도 있었을 거예요. 기침이나 딸꾹질이 나오려 할 때도 끝까지 참고 불어 준 여러분에게 감사합니다."

(나에게 감사) "앞에 나와 리코더 부는 것이 부끄러웠는데 용기를 내

주어 고마워."

(친구에게 감사) "리코더 연습 시간에 같이 연습해 줘서 고마워."

(나에게 감사) "리코더를 불 때 용기 있게 앞에 나가서 리코더를 불어서 고마워."

(친구에게 감사) "리코더를 불 때 나와 잘 맞추고 내가 틀려도 화를 내지 않아 주어 고마워."

(선생님께 감사) "저희를 위해 재미있는 수업을 해 주시고 선생님들을 초대해 주셔서 감사합니다. 왜냐하면 여러 선생님께서 우리의 연주를 감사하게 들어 주었기 때문입니다."

(나에게 감사) "친구들과 함께 리코더 이중주를 녹음할 때 용기 내어해 주었기 때문이야."

(친구에게 감사) "친구 D야. 고마워. 왜냐하면 5분간 리코더 이중주를 연습할 때 같이 조화를 이루면서 연습을 해 주었기 때문이야."

(선생님께 감사) "왜냐하면 저희를 위해서 항상 재미있게 준비를 해 주시기 때문입니다."

(나에게 감사) "나는 긴장했지만, 우리 반 애들이 있으니 나도 용기가 나고 발전이 있었어. 내가 발전하여 감사해."

(친구에게 감사) "왜냐하면 네가 긴장했지만, 우리를 위해 최선을 다해 용기를 내주어서 고마워."

(선생님께 감사) "왜냐하면 선생님이 잠자리까지 만들어 주시고 우리 반을 위해 힘들게 최선을 다해 주어 감사합니다."

(나에게 감사) "왜냐하면 떨렸는데도 차분하게 해 주어서 고마워.

(친구에게 감사) "내가 처음에 못 했는데 도와주어서 고마워."

(선생님께 감사) "우리 반 친구들에게 리코더 활용법을 가르치려고 선생님까지 섭외해 주서서 감사합니다."

(나에게 감사) "왜냐하면 나를 잘 따라 주어서 감사해."

(친구에게 감사) "왜냐하면 우리를 위해 녹음을 해 주어서 고마워."

(선생님께 감사) "왜냐하면 녹음도 해 주고, 활동 붙임을 만들어 주어서 감사하고, 잠자리 게이름도 만들어 주어서 고맙습니다."

(나에게 감사) "녹음할 때 자신 있게 리코더를 불었기 때문이야."

(친구에게 감사) "왜냐하면 (특별한 돌봄이 필요한 친구 이름을 부르며) 네가 리코더를 부는 데 참가해 줬기 때문이야."

(선생님께 감사) "왜냐하면 저희에게 재미있는 수업을 가르쳐 주었기 때문입니다."

(나에게 감사) "친구들을 위해 열심히 리코더 이중주를 불어 줘서 고마워."

(친구에게 감사) "나랑 같이 리코더 이중주를 불어 줘서 고마워. 다음에도 같이 리코더를 불자."

(선생님께 감사) "왜냐하면 재미있는 놀이를 개발하고 우리를 위해서 열심히 연구해 주셔서 감사합니다."

(나에게 감사) "감사해. 앞에서 자신 있게 해 주어서 고마워."

(친구에게 감사) "왜냐하면 같이 연습을 해서야."

(선생님께 감사) "왜냐하면 이런 재미있는 공부(리듬 막대, 녹음한 것)를 하게 해 주었기 때문입니다."

꿈꾼다, 공감 교실

(나에게 감사) "처음에는 잘 못 했는데 지금은 잘할 수 있어서 고마워."

(친구에게 감사) "왜냐하면 점심시간 때 나를 도와주어서 고마워. 음악 수업하기 전에 도와주어 음악 시간에 자신감이 생겼어. 고마워."

(선생님께 감사) "왜냐하면 선생님들을 힘들게 초대해 주셔서 감사합니다."

(나에게 감사) "처음에 리코더 불 때 잘 안 되어서 속상하고 답답했는데 모둠 친구들과 연습을 하니 내가 만족할 만큼 연습할 수 있어서 고마워."

(친구에게 감사) "왜냐하면 네가 처음엔 리코더가 아주 서툴렀는데 용기를 내서 리코더를 연습해 불어 줘서 고마워."

(선생님께 감사) "왜냐하면 즐거움을 주기 위해 많이 준비해 주셔서 감사하고 감동했습니다."

(나에게 감사) "왜냐하면 앞에 나와서 하는 게 부끄러웠는데 나 자신을 믿고 해서 고맙고 감사했어."

(친구에게 감사) "왜냐하면 앞에 나와서 하면 조금 떨리고 리코더가 잘 안 불어졌는데, 네가 잘해 주어서 나도 잘할 수 있었기 때문이야."

(선생님께 감사) "왜냐하면 리코더 이중주를 녹음해 주셔서 감사합니다. 선생님들을 불러 주셔서 감사합니다."

(나에게 감사) "예전보다 발전해 주어 감사해."

(친구에게 감사) "네가 옆에서 음악(리코더)을 도와주어서 고마워."

(선생님께 감사) "왜냐하면 선생님이 힘드신 데도 선생님이 또 즐거운 수업을 해 주셔서 희망을 느꼈기 때문입니다."

학생들이 이 수업을 위해 기여한 내용이 있다면 교사가 먼저 학생들의 행동에 대한 느낌과 욕구에 기반하여 "감사합니다."라고 표현하고 수업을 한다.

이 수업의 목표를 위해 학생들이 필요한 욕구를 찾아보고, 이유도 말한다. 모둠 활동 후에는 나에게, 친구에게 감사하는 말을 하도록 기회를 준다. "감사하다."는 말을 들은 학생들은 긍정적인 반응을 보인다. 적극적으로 수업에 참여하기, 친구에게 친절하게 말하기 등 자신이 할 수 있는 일을 한다.

NVC에 기반하고 NVC 대화 모델로 접근한 회복적 생활 교육 활동은 선생님, 친구에 대한 감사하는 마음이 자연스럽게 생기도록 한다. 이 활동 후에는 학생들이 교실 문을 나가다가 다시 들어와서 선생님을 향해 고개 숙여 인사하는 행동과 말이 진심으로 다가온다. 상대에게 굳이 사과하라고 하거나 감사하라고 하지 않았다. 이 활동은 마음을 강요하지 않는다.

사과와 감사는 하고 싶을 때 하는 것이 진심 어린 것이기 때문이다.

진심 어린 사과와 감사만이 상대의 마음을 움직인다.

> 일반적인 칭찬은 긍정적이더라도 판단 형식으로 나타나고 다른 사람의 행동을 조종하기 위해 쓰이는 경우가 많다. NVC는 단순히 서로 기쁜 마음을 나누려는 목적으로 감사를 표현한다. 첫째, 우리 행복에 기여한 상대방의 행동, 둘째, 충족된 나의 욕구, 셋째, 그 결과 우리가 느끼는 기쁨을 말함으로써 고마운 마음을 표현한다.
>
> 감사의 말을 들을 때도 이런 식으로 받게 되면 거짓 겸손이나 우월감 없이 진심으로 받아들일 수 있어서 감사를 표현하는 사람과 함께 즐거움을 나눌 수 있다.
>
> —『비폭력 대화』中

교사도 자기 공감이 필요합니다

수업 중에 가위로 지우개, 색종이를 잘라 교실 바닥에 버리면서 교사를 빤히 쳐다보는 학생, 책상을 두드리며 소리를 내는 학생, 갑자기 책걸상에서 일어나 친구들을 웃겨 주고 싶다고 코믹한 표정을 지으며 수업 분위기를 흐리다가 체육 시간, 중간놀이 시간이 되면 하던 행동을 멈추고 운동장으로 신나게 나가는 학생. 이런 행동을 화를 내지 않고 매일 본다는 것은 참으로 어려운 일입니다.

학생 자신도 공부해야만 한다는 것은 알고 있지만, 지금은 교실 안에서 하는 공부에 집중하기가 쉽지 않다는 것을 친구들에게, 교사에게 보여 주고 있습니다.

교사도 이런 상황에서 도덕적인 판단에서 벗어나 평가가 섞이지 않은 관찰로 말하기가 얼마나 힘든지 경험합니다.

이런 상황에서 교사는 충고나 조언을 해 주고 싶은 강한 충동이 올라올 것입니다.

이럴 때면 응급 자기 공감을 하고 학생을 마주해야 합니다.

"내면의 소리에 충실하게 귀를 기울이면 기울일수록 외부에서 일어나는 일을 더 잘 들을 수 있다."

-『비폭력 대화』中

제가 주로 하는 응급 자기 공감은 '나는 지금 가슴이 답답하구나.', '나는 지금 화가 올라오고 있구나.', 'A는 자기 고집대로 하려고 한다고 나는 생각하는구나.' 등이 있습니다.

저는 응급 자기 공감을 능숙하게 하기 위해서 연습하고 또 연습합니다. 단 몇 초도 걸리지 않는 응급 자기 공감이 나중에 후회할 일을 만들지 않게 해 주고 나를 여유롭게 해 주기 때문입니다.

응급 자기 공감은 나를 자연스러운 존재로 있게 해 줍니다.

자기 공감 및 자기 연결을 쉽게 하기 위해서는 목소리를 낮추는 연습이 필요합니다. 몇 년 전 저학년을 담당할 때의 일입니다. 복도에서 친구를 기다리는 남학생이 있어 사탕을 하나 주었습니다. 그래서인지 그 후로 그 학생은 우리 교실에 자주 왔습니다. 처음엔 '사탕을 주어 우리 교실에 오나 보다'라는 추측으로 사탕을 주곤 했습니다. 매일 오는 것이 사탕 때문이라고 생각하고 물었습니다.

(작은 소리로) "선생님이 사탕을 주어서 매일 오니?"

"아니요."

당황한 마음이 생기면서 궁금해지기 시작했습니다.

"왜 오는지 궁금하네."

대답은 하지 않고 계속 칠판만 만지고 있습니다. 꼭 학생의 답을 듣고 싶다는 조급한 마음이 생겼습니다.

"친구 때문에 매일 오는구나."

"아니요."

학급 내 수학 체험 교실 운영으로 인해 도구들이 조금 있는 게 보였습니다.

"우리 교실에 재미있는 게 많아 보였구나."

"아니요."

(작은 소리로) "궁금하구나. 왜 우리 교실에 오니?"

학생은 몸을 비비 꼬며 칠판을 만지작거리더니 대답했습니다.

"선생님이 웃어 주어서요."

이 학생의 한 마디가 오랫동안 머릿속에서 떠나지 않았습니다. 사탕 때문에 올 것이라고 생각했던 나에게 난감했습니다. 생각이나 추측이 얼마나 맞지 않는지, 학생의 목소리로 마음을 들어야 한다는 것도 다시 새롭게 받아들였습니다. 학급 담임 교사가 작은 소리로 말하는 연습을 하다 보면 마음 연결도 쉽게 되면서 입가에 살짝 미소가 지어집니다.

학생에게 공감하기 위해 느낌말로 "슬프구나.", "속상하구나."라는 말만 던져 주어도 마음이 풀어지는 학생이 있는가 하면 오히려 더 마음이 술 렁대는 학생도 있습니다. 긍정적인 경험이 부족한 학생, 욕구가 충족되 지 않은 경험이 많은 학생들에게 느낌말만 툭 던져 놓으면 교사는 더 힘든 상황과 마주할 수도 있습니다.

느낌말로 시작하고 욕구를 찾아주어야 합니다. NVC의 첫 번째 요소 인 관찰을 처음부터 찾으려 하지 않아도 됩니다. 하지만 관찰로 명료화하는 것은 필요합니다.

NVC 대화를 배워 학생들에게 적용해 가면서 자연스럽게 학생들의 이야기를 많이 들어 주고, 학생들을 존중하는 나를 봅니다. 느낌으로 시작하고 욕구로 연결되는 주제 토의는 학급 공동체의 관계를 튼튼하게 합니다.

전체 학생과 나눈 NVC의 느낌과 욕구는 학생들 사이의 친밀한 결속 력, 응집력을 형성하고, 이 모든 요소가 수업과 연결되어 재미있고 활기가 있으면서도 진지한 수업 분위기를 형성합니다. 공부하는 방법을 지도하는 것 그 이상의 특별함이 있습니다.

학교생활 중 또래 관계에서 갈등 상황이 있을 때 학생들이 "선생님."하고 부르는 경우는 교육 활동이 시작되는 아침 생활부터 교육 활동이 끝날 때까지 숱하게 들을 수 있는 말입니다.

"선생님." 하고 부를 때마다 주저하지 않고 NVC 대화에 기반한 회복적 생활 교육을 하려면 교사는 자기 연결, 자기 공감이 필요합니다.

NVC로 한 회복적 생활 교육 사례를 소개하면 "시간 확보가 어렵다."라고 많은 선생님께서 말씀하십니다. 학교 행사, 교사 모임, 학교 업무도 해야 하는데 학생들과 '어쩌고저쩌고' 대화할 시간이 어디 있냐고 하십니다. 제가 하는 대화는 NVC 대화 매뉴얼과 이론을 바탕으로 하는 대화입니다.

학생들의 부정적인 행동을 볼 때마다 자연스럽게 마음에서 우러나온 NVC 공감 대화를 할 수 있도록 연습하고 연습한 결과입니다.

학생들과 NVC 언어를 하기 위해 특별한 시간을 확보하지 않게 될 때까지 연습합니다.

학급 내 학생 중 부적응 행동이 심한 학생이 한 명이라도 있는 담임 교사는 그 학생을 돌보느라 온몸과 마음이 찌들어 간다고도 합니다. 이런 경우 "선생님!" 하고 부르면 큰 부담으로 다가옵니다. 부정적인 상황을 보고 바로 무슨 말을 해야 할지 금방 생각나지 않는다고도 합니다. 처음 이 활동을 할 때, 학부모 중에는 "대화만 해서 학교 폭력이 예방될까요?"라고 생각하시는 분도 계셨습니다. 저는 이럴 때마다 평가에 흔들리지 않으려고 합니다.

한두 사람의 비평에 상처받아 쉽게 포기하지 마세요.

나에 대해 잘 알지도 못하고 쉽게 한 말에 너무 무게를 두어 아파하지도 말아요.
용기 내어 지금 가고 있는 길을 묵묵히 걸어가면 됩니다.

- 혜민

학교생활 중에 일어난 사소한 갈등으로 학생들이 "선생님." 하고 부르면 바로 그 자리에서 느낌으로 시작하고 욕구와 연결해 줍니다. 연습하고 또 연습하여 학생들의 'NO' 뒤의 'YES', 'YES' 뒤의 'NO'까지 추측하여 공감하신다면 학생들이 부르는 "선생님."이라는 말이 반갑게 들릴 것입니다.

특별한 시간이 필요하다면 학생들과 함께하는 NVC 모임을 우선으로 확보합니다.

NVC를 나의 삶 속에 두고 회복적 생활 교육을 꾸준히 하시다 보면 학생과 나를 연결해 주고 공감하는 과정에서 학급 공동체가 회복되는 기운을 느끼실 수 있을 것입니다.

NVC 대화를 처음 만나도록 해 주신 ☆선생님, NVC를 지속적으로 할 수 있도록 이끈 ☆선생님, NVC를 함께한 기린 선생님들 그리고 정책 연구회를 조직하여 함께할 수 있도록 불러 주신 선생님들께 감사의 마음을 전합니다.

이옥숙

참고자료(한국비폭력센터)

느낌(FEELING LIST) 카드

A. 욕구가 충족되었을 때	B. 욕구가 충족되지 않았을 때
기쁜, 행복한, 흥분된, 희망에 찬, 즐거운, 만족한, 환희에 찬, 용기 나는, 반가운, 생생한, 안심되는, 감동받은, 자랑스러운, 의기양양한, 힘이 솟는, 기대에 부푼	슬픈, 외로운, 힘든, 우울한, 서운한, 섭섭한, 마음이 아픈, 실망한, 낙담한, 자신을 잃은, 괴로운, 비참한, 쓸쓸한, 속상한
평화로운, 고요한, 진정되는, 흡족한, 열중한, 수용하는, 침착한, 축복받은, 안정된, 차분한, 마음이 가라앉은, 명확해진, 조용한	겁나는, 두려운, 무서운, 놀란, 긴장한, 신경이 쓰이는, 소름이 끼친, 불안한, 괴로운, 회의적인, 걱정스러운, 떨리는, 조마조마한, 진땀이 나는, 초조한
사랑하는, 정다운, 따뜻한, 정을 느끼는, 부드러운, 호의적인, 친근한, 관심 있는, 흥미 있는	화가 나는, 미치겠는, 돌아 버릴 것 같은, 성이 나는, 격노한(노발대발), 적개심, 억울한, 분개한, 혐오스러운, 귀찮은, 낙담한, 열 받는
자부심/자신감 있는, 긍지를 느끼는, 뿌듯한, 자랑스러운, 자신만만한, 확신하는, 당당한	좌절한, 혼동된, 주저하는, 근심하는, 괴로운, 불안한, 수치스러운, 걱정되는, 절망스러운
활기 있는, 쾌활한, 명랑한, 생기가 도는, 열의 있는, 원기가 왕성한, 기력이 넘치는, 상쾌한, 들뜬, 대담한, 열정적인, 열중한, 살아있는, 상쾌한, 회복된, 밝은, 흥미/몰입된, 매혹된, 궁금한	피곤한, 지친, 무기력한, 침울한, 냉담한, 무관심한, 지루한, 질린, 압도당한, 안절부절못한, 마음이 무거운, 무감각한
편한, 쉬는, 긴장이 풀린, 기운이 나는, 흐뭇한	불편한, 마음이 아픈, 불안한, 마음이 상한, 비참한, 근심되는, 난처한, 무안한, 비탄에 잠긴, 당혹스러운, 지거운
감사한, 고마운	

꿈꾼다. 공감 교실

자율성	놀이/재미
자신의 꿈, 목표, 가치를 선택할 수 있는 자유 자신의 꿈, 목표, 가치를 이루기 위한 방법을 선택할 자유	쾌락, 흥분, 즐거움, 재미, 유머
신체적/생존	**삶의 의미**
공기, 음식, 물, 주거, 휴식, 수면, 여유, 안전, 신체적 접촉(스킨십), 성적 표현, 따뜻함, 부드러움, 편안함, 돌봄을 받음, 보호받음, 의존(생존과 안전), 애착 형성, 자율, 자유, 몰입, 자유로운 움직임(이동), 운동	기여, 능력, 도전, 명료함, 발견, 인생 예찬(축하, 애도), 기념, 깨달음, 자극, 기적주관을 가짐(자신만의 견해나 사상), 중요성, 참여, 회복, 효능감, 희망
사회적/정서적/상호의존	**진실성**
주는 것, 봉사, 원만한 관계, 친밀한 관계, 유대, 소통, 연결, 배려, 존중, 상호성, 경청, 공감, 이해, 수용, 지지, 협력, 도움, 감사, 인정, 승인, 사랑, 애정, 관심, 호감, 우정, 가까움, 나눔, 소속감, 공동체, 안도, 위안, 신뢰, 확신, 정서적 안전, 자기 보호, 일관성, 안정성, 정직, 진실, 예측 가능성, 끌림, 역량, 자랑, 공정, 공평, 협동	진실, 성실성, 정직, 신뢰, 신용, 존재감, 일치, 개성, 자기존중, 비전, 꿈
	아름다움/평화
	아름다움, 평탄함, 홀가분함, 여유, 평등, 조화, 질서, 평화, 영적 교감, 영성
	자기구현
	성취, 배움, 생산, 성장, 창조성, 치유, 숙달, 전문성, 목표, 가르침, 자각, 자기표현, 용서, 용기, 겸손, 자기조절, 친절, 리더십, 공평, 흥미, 관심, 소유, 기억, 몰입

자기 공감 가이드(내가 자극받은 것) 1

1. 문제 상황을 상대방에게 짧게 표현해 본다.

2. 상황을 관찰로 표현하기(~을 보았을 때, 들었을 때)

3. 현재의 느낌 추측하기(그로그 카드 활용) → 현 느낌 2~3개 고르기

4. 고른 느낌에 연결되는 욕구 추측하기 → 욕구 고르기

5. 느낌과 욕구 연결하여 표현하기
예: "내가 (슬픈) 것은 (신체적·정서적 안전)이 중요해서구나."

6. 욕구의 의미를 충분히 알아차리기
예: "선생님의 욕구가 ~라고 들었는데 그 욕구가 선생님께 어떻게 살아있나요?"

7. 그 욕구를 충족하기 위한 부탁을 찾아보자.
: 자기 자신에게/상대방에게/다른 사람에게

8. 상대방의 느낌 욕구 추측하기

자기 공감 가이드(내가 자극받은 것) 2

1. 상황을 관찰로 표현하기

2. 자칼쇼(판단, 평가의 말)

3. 현재의 느낌 추측하기(그로그 카드 활용) → 현 느낌 2~3개 고르기
: 몸과 마음의 느낌 이야기하기

4. 고른 느낌에 연결되는 욕구 추측하기 → 욕구 고르기

5. 욕구의 의미를 충분히 알아차리고 그 욕구에 머무르기(NEED 명상하기)

6. 떠오르는 행동 부탁
: 자기/상대/제3자에게 부탁

감사 표현

감사 표현	나에게 감사 표현(3분가량)
○ 내 인생에서 중요한 영향을 주었거나 내가 고맙다고 생각하고 있는 사람을 머리에 떠올려 천천히 생각해 본다. (3분가량) 1. 누구: 2. 그 사람이 한 행동이나 말 중의 하나를 구체적으로 써 본다. 3. 그 행동이나 말로 나의 어떤 욕구가 충족되었나? 4. 그것을 생각할 때 생기는 즐거운 느낌은? * 그 사람 역할을 할 짝을 찾아, 그 사람에게 기린 식으로 감사를 충분히 표현한다. 5. 제 이야기를 들으시고 어떻게 느끼세요? * 듣는 사람은 감사의 표현을 공감으로 듣고 상대의 느낌과 욕구를 반복해 준다. * 감사의 말을 들은 사람으로서 자신 안에서 일어나는 느낌이나 욕구를 표현한다.	1. 나 자신의 어떤 면(성향이나 기질)에 감사하는가? 2. 위의 성향이 나의 어떤 구체적인 행동이나 말로 나타났는가? 3. 위의 행동으로 나의 어떤 욕구가 충족되는가? 4. 나 자신의 이런 면을 생각할 때 지금 어떤 느낌이 드는가?

(1) 관찰 놀이

○ 관찰 놀이
- 원 모양으로 앉는다.
- 술래가 "생일이 5월인 사람!"이라고 하면 해당하는 학생은 다 나와 춤을 춘다.
- 술래는 "키가 큰 사람 나오세요(판단).", "하얀색 바지를 입은 사람 나오세요." 등 여러 조건으로 말한다.
  · 게임이 끝난 후, 어떤 문장을 말할 때 망설여졌는지 이야기 나누기를 한다.

○ 관찰 놀이
- 한 사람이 동작을 한다. 만약 책 읽는 동작을 한다면
- ○○○는 책을 읽습니다.

○ 관찰 놀이(거울 놀이)
- 두 팀으로 나눈다.
- 팀 리더끼리 가위바위보를 한다. 이긴 리더가 먼저 동작을 할 것인지를 정한다.
- 팀원들이 돌아가면서 동작을 한 가지씩 정한다. 그 동작을 보고 상대 팀이 그대로 따라 한다.

○ 관찰 놀이(두 팀 또는 짝)

- 무궁화 꽃이 (빠르게, 느리게) 피었습니다.
- 만약에 술래가 "무궁화 꽃이 빠르게 피었습니다."라고 한다면
- 모둠원들과 협의하여 빠르게 할 수 있는 문제 상황을 찾는다. 찾은 동작을 하면
- 다른 팀에서 달리는 행동을 한다.
- ○○○팀은 달리기를 합니다. 무궁화 꽃이 빠르게 달리기를 합니다.

○ 관찰 놀이

- 그림과 이름이 적힌 카드를 준비한다.
- 짝끼리 종이상자에서 그림 한 장을 꺼내어 그 캐릭터를 설명한다.
- 그림 설명을 듣고 이름을 맞힌다.

(2) 느낌 놀이

○ 느낌 놀이

- 느낌 카드 한 장을 뽑는다.
- 나는 ( ) 때 이런 느낌이야.

○ 느낌 놀이

- "너는 지금 (슬픈 표정, 몸짓, 목소리) 하여라."라고 마주 앉아 있는 짝에게 말한다. 짝은 슬픈 표정을 한다.
- 서로 바꾸어서 한다.

○ 느낌 놀이(한국비폭력센터, 스마일 키퍼스)

- "제가 신호를 보내면 여러분은 방 안을 걷기 시작합니다. 자기가 걸어

갈 길을 지금 생각해 보세요. 그런 다음 피곤해졌다고 상상합니다. 여러분은 피곤할 때 어떻게 걷습니까? 자, 이제 시작합니다. 피곤해요. (30초) 이제는 화가 난 것처럼 걸어 보세요. 이번에는 겁이 났어요. 슬퍼요. 이제는 재미있는 모양으로 걸어 보세요. 이제는 기쁜 마음으로 걸어 보세요."

(3) 욕구 놀이

○ 욕구 놀이
- 보드 판을 만든다.
- 사각 또는 달팽이 모양으로 욕구 카드를 늘어 놓는다.
- 주사위를 던져서 나오는 수만큼 이동한다.
- 낱말을 보고 그 욕구를 충족하기 위해 어떤 일들을 하는지 말한다.

○ 욕구 놀이
- 욕구 카드 중 모둠원이 충족하고픈 욕구 3장을 가진다. 모둠원이 찾은 공통된 욕구 카드 한 장을 선택한다.
- 한 사람씩 그 욕구를 표현한다. 그 낱말 하면 떠오르는 선, 색깔, 모양, 물체 등을 간단하게 그린다. 그다음 사람이 이어간다. 다 하고 난 뒤 칠판에 붙인다. 다른 모둠원이 욕구 낱말을 찾는다.

(4) 관찰 느낌 욕구 놀이

○ 관찰 느낌 욕구 놀이
- 술래 1명, 3인 1조로 관찰, 느낌, 욕구 역할을 정한다.
- 관찰과 욕구 맡은 사람이 마주 잡고 있고, 느낌은 안에 들어가 있다.

- 술래가 "관찰."이라고 하면 느낌은 가만히 있고, 관찰만 움직인다.
- 술래가 "느낌."이라고 말하면 관찰과 욕구는 가만히 있고 느낌만 움직인다.
- 술래가 "욕구."를 말하면 느낌은 가만히 있고 관찰과 욕구 두 사람이 움직여 새로운 3인 1조를 만든다.

(5) 생각과 느낌 나누기 놀이

○ 생각과 느낌 나누기 놀이
- 콩주머니(지우개)를 머리에 이고 걸어 다닌다. 지우개가 떨어지면 그 자리에 선다. 떨어진 사람은 절대 주우면 안 된다. 대신 친구가 주워서 머리에 다시 놓아 주면 걸어 다닌다. 뛰어도 된다.
- 활동이 끝나면 느낌과 생각 나누기 시간을 갖는다.

참고 도서(가나다순)

1. 마셜 B. 로젠버그 지음, 캐서린 한 옮김. 비폭력대화: 일상에서 쓰는 평화와 공감의 언어. 서울: 한국NVC센터.

2. 루시 루 지음, 한국NVC센터 옮김. 비폭력대화 워크북 : 개인과 연습 모임을 위한 가이드. 서울: 한국NVC센터.

3. 마셜 B. 로젠버그 지음, 캐서린 한 옮김. 삶을 풍요롭게 하는 교육 : 교사를 위한 비폭력대화. 서울: 한국NVC센터.

4. 리타 헤이조그, 캐시 스미스 지음, 캐서린 한 옮김. 자칼 마을의 소년 시장. 서울: 한국NVC센터.